本書係「敦煌文獻系統性保護整理出版工程」項目成果

二〇二一—二〇三五年國家古籍工作規劃重點出版項目

「十四五」國家重點出版物出版規劃項目

國家古籍整理出版專項經費資助項目

中國國家圖書館藏敦煌文獻

中國國家圖書館 編

第四四册

BD00638～BD00650

國家圖書館出版社

DUNHUANG MANUSCRIPTS IN THE NATIONAL LIBRARY OF CHINA

044

BD00638 ~ BD00650

compiled by the

National Library of China

National Library of China Publishing House

凡例

一　本書刊布中國國家圖書館藏敦煌文獻，以館藏編號爲序編排。

二　館藏編號采用「BD+流水號」格式，如 BD00001, BD16579 等。背面在編號後加 v 表示。一個編號包含多件文獻者，編號後分别綴以字母 A, B, C 等。一件文獻含有多個内容者，以數字 -1, -2, -3 等標明順序。

三　圖版有縮印或放大處另加説明，尺寸超出本書幅面的以摺葉形式呈現。

四　卷軸裝、梵夾裝、經摺裝等裝幀形制的敦煌文獻，各附外觀圖像。

五　每件文獻依次呈現外觀、正面、背面等。背面僅刊布有文字、圖像或其他要素的圖版，而略去素紙部分，背面圖版同樣以從右到左順序編排。凡有外題者，遵從以上原則。

六　除個别特殊情況外，爲保證閲讀連貫、流暢，圖版儘量通欄呈現。

七　各葉上方附該件文獻全圖，以高亮形式顯示本葉大圖在全卷中的位置。部分長卷文獻全圖衹能分多段呈現時，在上段末以 ‹ 符標示下段接續。卷尾内容不足一葉時，文獻全圖使用該圖卷尾部分，亦以 ‹ 符標示。背面圖版文字與正面文字方向相反時，文獻全圖按原貌顯示，正文翻轉呈現，以便閲讀研究，用 ↺ 符標示。

八　文獻題名大體沿用中國國家圖書館此前所編多部敦煌文獻目録的考證，部分吸收學界最新研究成果略作調整和完善。文獻題名綜合參考原卷首題、尾題、外題確定，如原卷題名與該文獻正式名稱不同，則采用正式名稱；無題名者，或比定題名，或擬定新名。非漢文文獻在題名前標注語種。有分卷不同等其他情況者，括注於文獻名稱後。

九　本書著録使用通行繁體字，涉及原文中的人名、地名等，必要時保留原字形。

About this publication

1. The documents are presented in shelfmark order.
2. The shelfmarks are in the form BD plus a running number, eg. BD00001, BD16579, &c. If a given shelfmark contains multiple documents, these are distinguished by the letters A, B, C, &c. If a document has multiple contents, they are distinguished by the numbering 1, 2, 3, &c. The verso side of an item is indicated by the letter v.
3. If it has been necessary to reduce or enlarge the size of an illustration, the dimensions are indicated. If the size of an illustration exceeds the size of the book, a folding sheet is used.
4. If the document is a scroll, a folded sutra, or has a stitched binding, a picture of the whole object is provided to show its external appearance.
5. The cover, front, and back of each document are reproduced in sequence. The back of a document is only reproduced if it contains text, illustrations, or other markings, and it is oriented from right to left. If it is blank it is not reproduced.
6. Except in a few special cases, the lines of text are reproduced unbroken to make them coherent and easier to read.
7. An illustration of the complete document is reproduced at the top of each page, and the section where the main illustration appears is highlighted in order to indicate its position. If it has only been possible to reproduce a long scroll in sections, the direction symbol has been used to indicate where one illustration ends and the next one begins. If the end of the scroll occupies less than one page, the direction symbol is used to indicate its position in the illustration of the complete document. If the text on the back of the document has a different orientation from the text on the front, it is reproduced as it is, but is also rotated (indicated with the rotation symbol) so that it can be read easily.
8. The titles of the documents generally conform with those already established by the Library, but in some cases have been amended by drawing on the most recent scholarly research. The titles are derived firstly from the beginning of the text, then from the end of the text, and lastly from the cover. If the title of a document differs from its authoritative form, the authoritative form is used; and if a document has no title, one is either supplied by comparison with similar documents, or a new one is devised. If the document is not in Chinese, its language is indicated before the title. If the number of juan is different from that of the authoritative version, or if there are other irregularities, this is noted.
9. The documents in the book are in traditional Chinese characters. Where the title contains personal or place names, the original characters used for these names are retained.

(Translated by David Helliwell)

第四四册目録

BD00638

妙法蓮華經卷三

（後秦）鳩摩羅什 譯

893.4cm×25.8cm

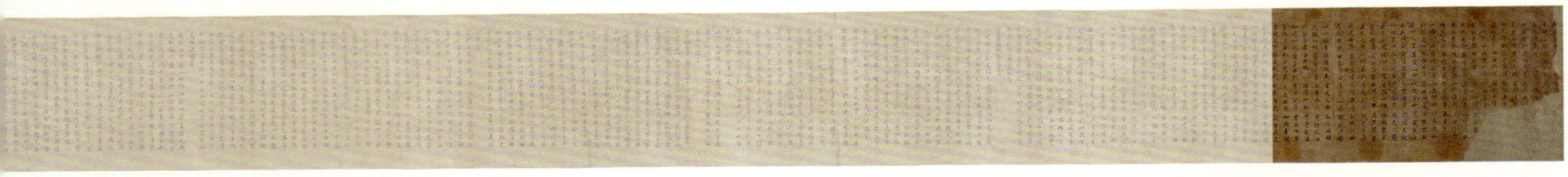

如來尊重 遠久嘿
有智若聞 則能信解 無智
是故迦葉 隨力為說 以種種
迦葉當知 譬如大雲 起於世間
慧雲含潤 電光晃耀 雷聲遠震
日光掩蔽 地上清涼 靉靆垂布
其雨普等 四方俱下 流澍无量
山川險谷 幽邃所生 卉木藥草 大
百穀苗稼 甘蔗蒲 雨之所潤 無不豐
乾地普洽 藥木並茂 其雲所出 一味之水
草木叢林 隨分受潤 一切諸樹 上中下等
稱其大小 各得生長 根莖枝葉 華菓光色
一雨所及 皆得鮮澤 如其體相 性分大小
所潤是一 而各滋茂 佛亦如是 出現於世

分別演說諸法之實　大聖世尊　於諸天人
一切衆中　而宣是言　我爲如來　兩足之尊
出于世間　猶如大雲　充潤一切　枯槁衆生
皆令離苦　得安隱樂　世間之樂　及涅槃樂
諸天人衆　一心善聽　皆應到此　覲无上尊
我爲世尊　無能及者　安隱衆生　故現於世
爲大衆說　甘露淨法　其法一味　解脫涅槃
以一妙音　演暢斯義　常爲大乘　而作因緣
我觀一切　普皆平等　無有彼此　愛憎之心
我無貪著　亦无限礙　恒爲一切　平等說法
如爲一人　衆多亦然　常演說法　曾無他事
去來坐立　終不疲厭　充足世間　如雨普潤
貴賤上下　持戒毀戒　威儀具足　及不具足

BD00638　妙法蓮華經卷三

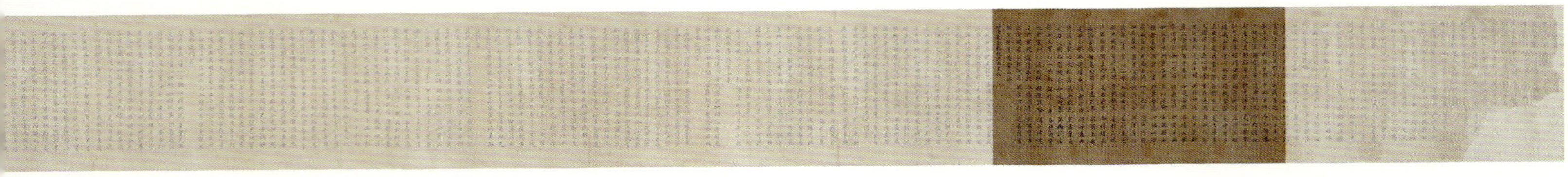

貴賤上下持戒毀戒 威儀具足 及不具足
正見邪見利根鈍根 等雨法雨 而无懈惓
一切衆生聞我法者 隨力所受 住於諸地
或處人天轉輪聖王 釋梵諸王 是小藥草
知无漏法能得涅槃 起六神通 及得三明
獨處山林 常行禪定 得緣覺證 是中藥草
求世尊處 我當作佛 行精進定 是上藥草
又諸佛子 專心佛道 常行慈悲 自知作佛
決定無疑 是名小樹 安住神通 轉不退輪
度無量億 百千衆生 如是菩薩 名為大樹
佛平等說 如一味雨 隨衆生性 所受不同
如彼草木 所稟各異 佛以此喻 方便開示
種種言辭 演說一法 於佛智慧 如海一渧

諸佛之法　常以一味　令諸世間　普得具足
漸次脩行　皆得道果　聲聞緣覺　處於山林
住最後身　聞法得果　是名藥草　各得增長
若諸菩薩　智慧堅固　了達三界　求最上乘
是名小樹　而得增長　復有住禪　得神通力
聞諸法空　心大歡喜　放無數光　度諸衆生
是名大樹　而得增長　如是迦葉　佛所說法
譬如大雲　以一味雨　潤於人華　各得成實
迦葉當知　以諸因緣　種種譬喻　開示佛道
是我方便　諸佛亦然　今為汝等　說最實事
諸聲聞衆　皆非滅度　汝等所行　是菩薩道
漸漸修學　悉當成佛

妙法蓮華經授記品第六

妙法蓮華經授記品第六

尒時世尊說是偈已告諸大衆唱如是言我
此弟子摩訶迦葉於未來世當得奉覲三百
万億諸佛世尊供養恭敬尊重讚歎廣宣諸
佛无量大法於最後身得成為佛名曰光明
如來應供正遍知明行足善逝世間解无上
士調御丈夫天人師佛世尊國名光德劫名
大莊嚴佛壽十二小劫正法住世廿小劫像
法亦住廿小劫國界嚴飾无諸穢惡瓦礫荊
棘便利不淨其土平正無有高下坑坎堆阜
琉璃為地寶樹行列黃金為繩以界道側散
諸寶華周遍清淨其國菩薩无量千億諸聲
聞衆亦復无數无有魔事雖有魔及魔民皆

告諸比丘 我以佛眼 見是迦葉 於未來世
過無數劫 當得作佛 而於来世 供養奉覲
三百万億 諸佛世尊 為佛智恵 淨脩梵行
供養冣上 二足尊已 脩習一切 無上之恵
於冣後身 得成為佛 其土清淨 瑠璃為地
多諸寶樹 行列道側 金繩界道 見者歡喜
常出好香 散衆名華 種種奇妙 以為莊嚴
其地平正 無有丘坑 諸菩薩衆 不可稱計
其心調柔 逮大神通 奉持諸佛 大乗經典
諸聲聞衆 無漏後身 法王之子 亦不可計
乃以天眼 不能數知 其佛當壽 十二小劫
正法住世 二十小劫 像法亦住 二十小劫
光明世尊 其事如是
尒時大目揵連須菩提摩訶迦旃延等皆悉

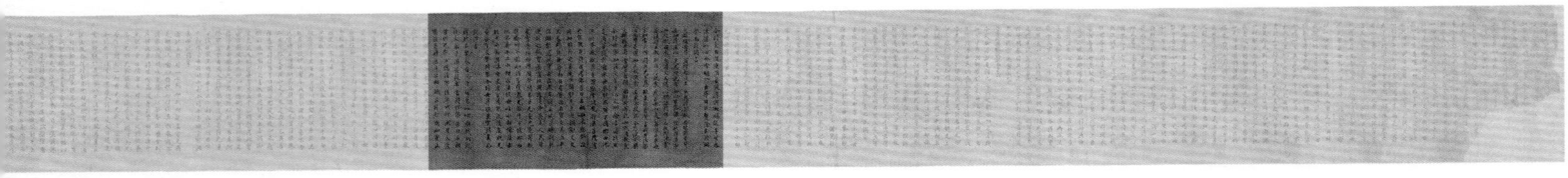

尒時大目揵連須菩提摩訶迦旃延等皆悉
悚慄一心合掌瞻仰世尊目不暫捨即共同
聲而說偈言
大雄猛世尊　諸釋之法王　哀愍我等故　而賜佛音聲
若知我深心　見為授記者　如以甘露灑　除熱得清淨
如從飢國來　忽遇大王饍　心猶懷疑懼　未敢即便食
若復得王教　然後乃敢食　我等亦如是　每惟小乘過
不知當云何　得佛无上慧　雖蒙佛音聲　言我等作佛
心尚懷憂懼　如未敢便食　若蒙佛授記　尒乃快安樂
大雄猛世尊　常欲安世間　願賜我等記　如飢須教食
尒時世尊知諸大弟子心之所念告諸比丘
是須菩提於當來世奉覲三百万億那由他
佛供養恭敬尊重讚歎常脩梵行具菩薩道

遍知明行足善逝世間解无上士調御
天人師佛世尊劫名有寶國名寶生其土平
正頗梨為地寶樹莊嚴無諸丘坑沙礫荊棘
便利之穢寶華覆地周遍清淨其土人民皆
處寶臺珎妙樓閣聲聞弟子无量无邊筭數
辟喩所不能知諸菩薩衆无數千万億那由
他佛壽十二小劫正法住世廿小劫像法亦
住廿小劫其佛常處虛空為衆說法度脫无
量菩薩及聲聞衆尒時世尊欲重宣此義而
說偈言
諸比丘衆 今告汝等 皆當一心 聽我所說
我大弟子 須菩提者 當得作佛 号曰名相
當供无數 万億諸佛 隨佛所行 漸具大道
最後身得 三十二相 端正殊妙 猶如寶山

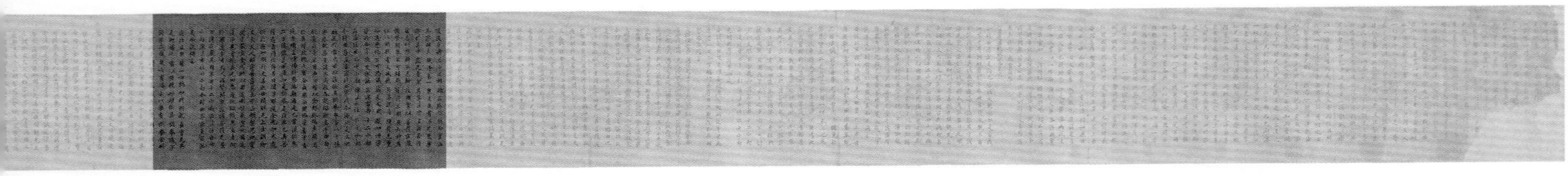

㝡後身得三十二相　端正殊妙　猶如寶山
其佛國土　嚴淨第一　衆生見者　不无愛樂
佛於其中　度无量衆　其佛法中　多諸菩薩
皆悉利根　轉不退輪　彼國常以　菩薩莊嚴
諸聲聞衆　不可稱數　皆得三明　具六神通
住八解脫　有大威德　其佛說法　現於无量
神通變化　不可思議　諸天人民　數如恒沙
皆共合掌　聽受佛語　其佛當壽　十二小劫
正法住世　二十小劫　像法亦住　二十小劫
尒時世尊復告諸比丘衆我今語汝是大迦
旃延於當來世以諸供具供養奉事八千億
佛恭敬尊重諸佛滅後各起塔廟高千由旬
縱廣正等五百由旬皆以金銀琉璃車𤦲馬

燒香繒蓋幢幡供養塔廟過是已後當復供養
二万億佛是亦復如是供養是諸佛已具菩
薩道當得作佛号曰閻浮那提金光如來應
供正遍知明行足善逝世間解无上士調御
丈夫天人師佛世尊其土平正頗梨為地寶
樹莊嚴黃金為繩以界道側妙華覆地周遍
清淨見者歡喜无四惡道地獄餓鬼畜生阿
修羅道多有天人諸聲聞衆及諸菩薩无量
万億莊嚴其國佛壽十二小劫正法住世廿
小劫像法亦住廿小劫尒時世尊欲重宣此
義而說偈言
諸比丘衆 皆一心聽 如我所說 真實无異
是迦旃延 當以種種 妙好供具 供養諸佛
諸佛滅後 起七寶塔 亦以華香 供養舍利
其最後身 得佛智慧 成等正覺 國土清淨

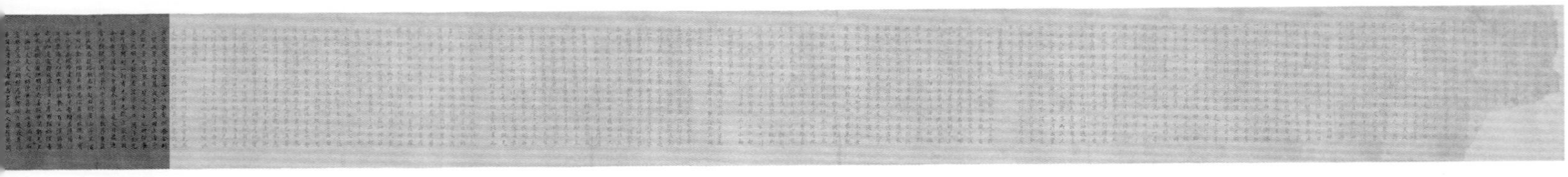

諸佛滅後起七寶塔亦以華香供養舍利
其最後身得佛智慧成等正覺國土清淨
度脫无量万億衆生皆爲十方之所供養
佛之光明无能勝者其佛号曰閻浮金光
菩薩聲聞断一切有无量无數莊嚴其國
尒時世尊復告大衆我今語汝是大目揵連
當以種種供具供養八千諸佛恭敬尊重諸
佛滅後各起塔廟高千由旬縱廣正等五百
由旬以金銀瑠璃車璩馬瑙真珠玫瑰七寶
合成衆華瓔珞塗香末香燒香繒蓋幢幡以
用供養過是以後當復供養二百万億諸佛
亦復如是當得成佛号曰多摩羅跋栴檀香
如來應供正遍知明行足善逝世間解无上

意樂其土平正頗梨為地寶樹莊嚴散真珠
華周遍清淨見者歡喜多諸天人菩薩聲聞
其數无量佛壽二十四小劫正法住世四十
小劫像法亦住四十小劫尒時世尊欲重宣
此義而說偈言
我此弟子　大目揵連　捨是身已　得見八千
二百万億　諸佛世尊　為佛道故　供養恭敬
於諸佛所　常脩梵行　於无量劫　奉持佛法
諸佛滅後　起七寶塔　長表金刹　華香伎樂
而以供養　諸佛塔廟　漸漸具足　菩薩道已
於意樂國　而得作佛　号多摩羅　栴檀之香
其佛壽命　二十四劫　常為天人　演說佛道
聲聞无量　如恒河沙　三明六通　有大威德
菩薩无數　志固精進　於佛智慧　皆不退轉
佛滅度後　正法當住　四十小劫　像法亦尒

菩薩无數　志固精進　於佛智慧　皆不退轉
佛滅度後　正法當住　四十小劫　像法亦尒
我諸弟子　威德具足　其數五百　皆當授記
於未來世　咸得成佛　我及汝等　宿世因緣
吾今當說　汝等善聽

妙法蓮華經化城喻品第七

佛告諸比丘乃往過去无量无邊不可思議
阿僧祇劫尒時有佛名大通智勝如來應供正
遍知明行足善逝世間解无上士調御丈夫
天人師佛世尊其國名好成劫名大相諸比
丘彼佛滅度已來甚大久遠譬如三千大千
世界所有地種假使有人磨以為墨過於東
方千國土乃下一點大如微塵又過千國土
復下一點如是展轉盡地種墨於汝等意云

際知其數不不世世尊諸比丘是人所經國
土若點不點盡末爲塵一塵一劫彼佛滅度
已來復過是數无量无邊百千万億阿僧祇
劫我以如來知見力故觀彼久遠猶若今日
尒時世尊欲重宣此義而說偈言
我念過去世　无量无邊劫　有佛兩足尊　名大通智勝
如人以力磨　三千大千土　盡此諸地種　皆悉以爲墨
過於千國土　乃下一塵點　如是展轉點　盡此諸塵墨
如是諸國土　點與不點等　復盡末爲塵　一塵爲一劫
此諸微塵數　其劫復過是　彼佛滅度來　如是无量劫
如來无礙智　知彼佛滅度　及聲聞菩薩　如見今滅度
諸比丘當知　佛智淨微妙　无漏无所礙　通達无量劫
佛告諸比丘大通智勝佛壽五百四十万億

佛告諸比丘大通智勝佛壽五百四十万億
那由他劫其佛本坐道場破魔軍已垂得阿
耨多羅三藐三菩提而諸佛法不現在前如
是一小劫乃至十小劫結跏趺坐身心不動
而諸佛法猶不在前尒時忉利諸天先為彼
佛於菩提樹下敷師子座高一由旬佛於此
座當得阿耨多羅三藐三菩提適坐此座時
諸梵天王雨衆天華面百由旬香風時來吹
去萎華更雨新者如是不絶滿十小劫供養
於佛乃至滅度常雨此華四王諸天為供養
佛常擊天鼓其餘諸天作天伎樂滿十小劫
至于滅度亦復如是諸比丘大通智勝佛過
十小劫諸佛之法乃現在前成阿耨多羅三
藐三菩提其佛未出家時

聞父得成阿耨多羅三藐三菩提皆捨所珎
往詣佛所諸母涕泣而隨送之其祖轉輪聖
王與一百大臣及餘百千万億人民皆共圍
繞隨至道場咸欲親近大通智勝如來供養
恭敬尊重讚嘆到已頭面礼足繞佛畢已一
心合掌瞻仰世尊以偈頌曰
大威德世尊　為度衆生故　於无量億劫　尒乃得成佛
諸願已具足　善哉吉无上　世尊甚希有　一坐十小劫
身體及手足　靜然安不動　其心常惔怕　未曾有散乱
究竟永寂滅　安住无漏法　今者見世尊　安隱成佛道
我等得善利　稱慶大歡喜　衆生常苦惱　盲瞑无導師
不識苦盡道　不知求解脫　長夜增惡趣　減損諸天衆
從瞑入於瞑　永不聞佛名　今佛得最上　安隱无漏道

從瞑入於瞑　永不聞佛名　今佛得最上　安隱无漏道
我等及天人　為得最大利　是故咸稽首　歸命无上尊
尒時十六王子偈讚佛已勸請世尊轉於法
輪咸作是言世尊說法多所安隱憐愍饒益
諸天人民重說偈言
世雄无等倫　百福自莊嚴　得无上智惠　願為世間說
度脫於我等　及諸衆生類　為分別顯示　令得是智惠
若我等得佛　衆生亦復然　世尊知衆生　深心之所念
亦知所行道　又知智惠力　欲樂及脩福　宿命所行業
世尊悉知已　當轉无上輪
佛告諸比丘大通智勝佛得阿耨多羅三藐
三菩提時十方各五百万億諸佛世界六種
震動其國中間幽冥之處日月威光所不能

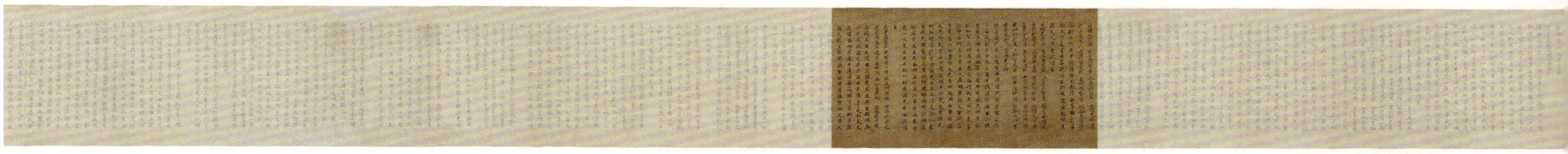

至梵宮六種震動大光普照遍滿世界勝諸
天光尒時東方万億諸國土中梵天宮殿光
明照曜倍於常明諸梵天王各作是念今者
宮殿光明昔所未有以何因緣而現此相是
時諸梵天王即各相詣共議此事時彼衆中
有一大梵天王名救一切為諸梵衆而說偈
言
我等諸宮殿　光明昔未有　此是何因緣　宜各共求之
為大德天生　為佛出世間　而此大光明　遍照於十方
尒時五百万億國土諸梵天王與宮殿俱各
以衣裓盛諸天華共詣西方推尋是相見大
通智勝如來處于道場菩提樹下坐師子座
諸天龍王乾闥婆緊那羅摩睺羅伽人非人

BD00638　妙法蓮華經卷三

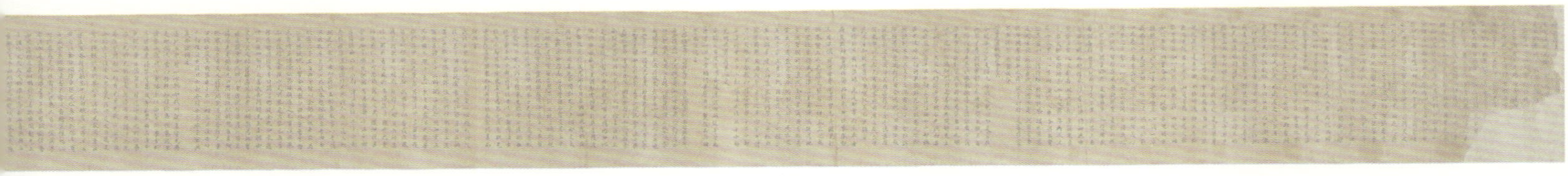

諸天龍王乾闥婆緊那羅摩睺羅伽人非人
等恭敬圍繞及見十六王子請佛轉法輪即
時諸梵天王頭面礼佛繞百千匝即以天華
而散佛上其所散華如須弥山并以供養佛
菩提樹其菩提樹高十由旬華供養已各以
宮殿奉上彼佛而作是言唯見哀愍饒益我
等所獻宮殿願垂納受時諸梵天王即於佛
前一心同聲以偈頌曰
世尊甚希有 難可得值遇 具无量功德 能救護一切
天人之大師 哀愍於世間 十方諸衆生 普皆蒙饒益
我等所從來 五百万億國 捨深禪定樂 為供養佛故
我等先世福 宮殿甚嚴飾 今以奉世尊 唯願哀納受
尒時諸梵天王偈讚佛已各作是言唯願世

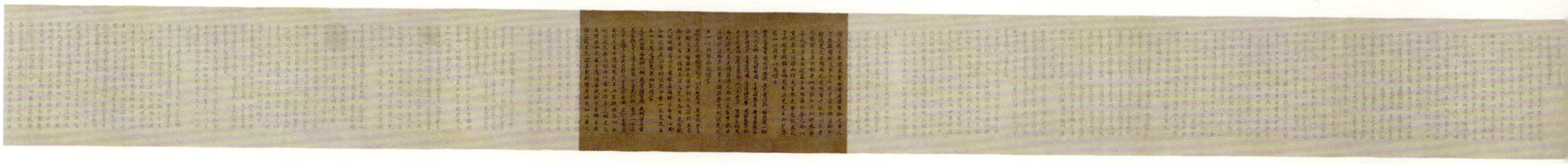

世雄兩足尊　唯願演說法　以大慈悲力　度苦惱衆生
尒時大通智勝如來嘿然許之又諸比丘東
南方五百万億國土諸大梵王各自見宮殿
光明照曜昔所未有歡喜踊躍生希有心即
各相詣共議此事時彼衆中有一大梵天王
名曰大悲為諸梵衆而說偈言
是事何因緣　而現如此相　我等諸宮殿　光明昔未有
為大德天生　為佛出世間　未曾見此相　當共一心求
過千万億土　尋光共推之　多是佛出世　度脫苦衆生
尒時五百万億諸梵天王與宮殿俱各以衣
裓盛諸天華共詣西北方推尋是相見大
通智勝如來處于道場菩提樹下坐師子座
諸天龍王乾闥婆緊那羅摩睺羅伽人非人

BD00638　妙法蓮華經卷三

通智勝如來處于道場菩提樹下坐師子座
諸天龍王乾闥婆緊那羅摩睺羅伽人非人
等恭敬圍繞及見十六王子請佛轉法輪時
諸梵天王頭面礼佛繞百千匝即以天華而
散佛上所散之華如須弥山并以供養佛菩
提樹華供養已各以宮殿奉上彼佛而作是
言唯見哀愍饒益我等所獻宮殿願垂納受
尒時諸梵天王即於佛前一心同聲以偈頌
曰
聖主天中王　迦陵頻伽聲　哀愍衆生者　我等今敬礼
世尊甚希有　久遠乃一現　一百八十劫　空過无有佛
三惡道充滿　諸天衆減少　今佛出於世　為衆生作眼
世間所歸趣　救護於一切　為衆生之父　哀愍饒益者
我等宿福慶　今得值世尊

哀愍一切轉於法輪度脫眾生時諸梵天

王一心同聲而說偈言

大聖轉法輪　顯示諸法相　度苦惱眾生　令得大歡喜

眾生聞此法　得道若生天　諸惡道減少　忍善者增益

尒時大通智勝如來嘿然許之又諸比丘南

方五百万億國土諸大梵王各自見宮殿光

明照曜昔所未有歡喜踊躍生希有心即各

相詣共議此事以何因緣我等宮殿有此光

曜而彼眾中有一大梵天王名曰妙法為諸

梵眾而說偈言

我等諸宮殿　光明甚威曜　此非无因緣　是相宜求之

於百千劫來　未曾見是相　為大德天生　為佛出世間

尒時五百万億諸梵天王與宮殿俱各以衣

裓盛諸天華共詣北方推尋是相見大通

裓盛諸天華共詣北方推尋是相見大通
勝如來處于道場菩提樹下坐師子座諸天
龍王乹闥婆緊那羅摩睺羅伽人非人等恭
敬圍繞及見十六王子請佛轉法輪時諸梵
天王頭面礼佛繞百千迊即以天華而散佛
上所散之華如須弥山并以供養佛菩提樹
華供養已各以宮殿奉上彼佛而作是言唯
見哀愍饒益我等所獻宮殿願垂納受尒時
諸梵天王即於佛前一心同聲以偈頌曰
世尊甚難見　破諸煩惱者　過百三十劫　今乃得一見
諸飢渴衆生　以法雨充滿　昔所未曾覩　无量智慧者
如優曇鉢華　今日乃值遇　我等諸宮殿　蒙光故嚴飾
世尊大慈悲　唯願垂納受
尒時諸梵天王偈讚佛已各作是言唯願世

以聲偈頌曰
唯願天人尊　轉無上法輪　擊于大法鼓　而吹大法螺
普雨大法雨　度无量衆生　我等咸歸請　當演深遠音
尒時大通智勝如來嘿然許之西南方乃至
下方亦復如是尒時上方五百萬億國土諸
大梵王皆悉自覩所止宮殿光明威曜昔所
未有歡喜踊躍生希有心即各相詣共議此
事以何因緣我等宮殿有斯光明時彼衆中
有一大梵天王名曰尸棄為諸梵衆而說偈言
今以何因緣　我等諸宮殿　威德光明曜　嚴飾未曾有
如是之妙相　昔所未聞見　為大德天生　為佛出世間
尒時五百萬億諸梵天王與宮殿俱各以衣
裓盛諸天華共詣下方推尋是相見大通智
勝如來處于道場菩提樹下坐師子座

裓盛諸天華共詣下方推尋是相見大通智
勝如來處于道場菩提樹下坐師子座諸天
龍王乾闥婆緊那羅摩睺羅伽人非人等恭
敬圍繞及見十六王子請佛轉法輪時諸梵
天王頭面礼佛繞百千迊即以天華而散佛
上所散之華如須弥山并以供養佛菩提樹
華供養已各以宮殿奉上彼佛而作是言唯
見哀愍饒益我等所獻宮殿願垂納受時諸
梵天王即於佛前一心同聲以偈頌曰
善哉見諸佛　救世之聖尊　能於三界獄　勉出諸衆生
普智天人尊　哀愍羣生類　能開甘露門　廣度於一切
於昔无量劫　空過无有佛　世尊未出時　十方常闇瞑
三惡道增長　阿脩羅亦盛　諸天衆轉減　死多墮惡道

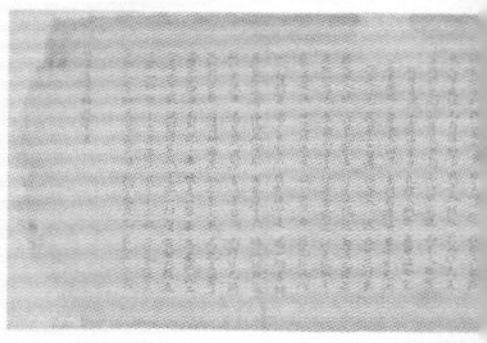

不蒙佛所化　常墮於惡道　佛為世間眼　久遠時乃出
哀愍諸衆生　故現於世間　超出成正覺　我等甚欣慶
及餘一切衆　喜歎未曾有　我等諸宮殿　蒙光故嚴飾
今以奉世尊　唯垂哀納受　願以此功德　普及於一切
我等與衆生　皆共成佛道
尒時五百万億諸梵天王偈讚佛已各白佛
言唯願世尊轉於法輪多所安隱多所度脫
時諸梵天王而說偈言
世尊轉法輪　擊甘露法鼓　度苦惱衆生　開示涅槃道
唯願受我請　以大微妙音　哀愍而敷演　無量劫習法
尒時大通智勝如來受十方諸梵天王及十
六王子請即時三轉十二法輪若沙門婆羅
門若天魔梵及餘世間所不能轉謂是苦是
苦集是苦滅是苦滅道及廣說十二因緣法

門若天魔梵及餘世間所不能轉謂是苦是
苦集是苦滅是苦滅道及廣説十二因緣法
无明緣行行緣識識緣名色名色緣六入六
入緣觸觸緣受受緣愛愛緣取取緣有有緣
生生緣老死憂悲苦惱無明滅則行滅行滅
則識滅識滅則名色滅名色滅則六入滅六
入滅則觸滅觸滅則受滅受滅則愛滅愛滅
則取滅取滅則有滅有滅則生滅生滅則老
死憂悲苦惱滅佛於天人大衆之中説是法
時六百万億那由他人以不受一切法故而
於諸漏心得解脫皆得深妙禪定三明六通
具八解脫第二第三第四説法時千万億恒
河沙那由他等衆生亦以不受一切法故而

家而為沙彌諸根通利智慧明了已曾供養
百千万億諸佛淨修梵行求阿耨多羅三藐
三菩提俱白佛言世尊是諸无量千万億大
德聲聞皆已成就世尊亦當為我等說阿耨
多羅三藐三菩提法我等聞已皆共修學世
尊我等志願如來知見深心所念佛自證知
尒時轉輪聖王所將衆中八万億人見十六
王子出家亦求出家王即聽許尒時彼佛受
沙彌請過二万劫已乃於四衆之中說是大
乘經名妙法蓮華教菩薩法佛所護念說是
經已十六沙彌為阿耨多羅三藐三菩提故
皆共受持諷誦通利說是經時十六菩薩沙
彌皆悉信受聲聞衆中亦有信解其餘衆生

弥皆悉信受聲聞衆中亦有信解其餘衆生
千万億衆皆生疑惑佛說是經於八千劫未
曾休廢說此經已即入静室住於禪定八万
四千劫是時十六菩薩沙弥知佛入室寂然
禪定各昇法座亦於八万四千劫為四部衆
廣說分別妙法華經一一皆度六百万億那
由他恒河沙等衆生示教利喜令發阿耨多
羅三藐三菩提心大通智勝佛過八万四千
劫已從三昧起往詣法座安詳而坐普告大
衆是十六菩薩沙弥甚為希有諸根通利智
慧明了已曾供養無量千万億无數諸佛於
諸佛所常修梵行受持佛智開示衆生令入
其中汝等皆當數數親近而供養之所以者

多羅三藐三菩提如來之慧佛告諸比丘是
十六菩薩常樂說是妙法蓮華經一一菩薩
所化六百万億那由他恒河沙等衆生世世
所生與菩薩俱從其聞法悉皆信解以此因
緣得值四万億諸佛世尊于今不盡諸比丘
我今語汝彼佛弟子十六沙弥今皆得阿耨
多羅三藐三菩提於十方國土現在說法有
无量百千万億菩薩聲聞以為眷屬其二沙
弥東方作佛一名阿閦在歡喜國二名須弥
頂東南方二佛一名師子音二名師子相南
方二佛一名虛空住二名常滅西南方二佛
一名帝相二名梵相西方二佛一名阿弥陁
二名度一切世間苦惱西北方二佛一名多

一名帝相二名梵相西方二佛一名阿彌陀
二名度一切世間苦惱西北方二佛一名多
摩羅跋栴檀香神通二名須彌相北方二佛
一名雲自在二名雲自在王東北方佛名壞
一切世間怖畏苐十六我釋迦牟尼佛於娑
婆國土成阿耨多羅三藐三菩提諸比丘我
等為沙彌時各各教化无量百千万億恒河
沙等衆生從我聞法為阿耨多羅三藐三菩
提此諸衆生于今有住聲聞地者我常教化
阿耨多羅三藐三菩提是諸人等應以是法
漸入佛道所以者何如來智慧難信難解尒
時所化无量恒河沙等衆生者汝等諸比丘
及我滅度後未來世中聲聞弟子是也我滅
度後復有弟子不聞是經不知不覺菩薩所

餘國作佛更有異名是人雖生滅度之想入
於涅槃而於彼土求佛智慧得聞是經唯以
佛乘而得滅度更无餘乘除諸如來方便說
法諸比丘若如來自知涅槃時到衆又清淨
信解堅固了達空法深入禪定便集諸菩薩
及聲聞衆爲說是經世間无有二乘而得滅
度唯一佛乘得滅度耳比丘當知如來方便
深衆入生之性知其志樂小法深著五欲爲
是等故說於涅槃是人若聞則便信受譬如
五百由旬險難惡道曠絕无人怖畏之處若
有多衆欲過此道至珍寶處有一導師聰慧
明達善知險道通塞之相將導衆人欲過此
難所將人衆中路懈退白導師言我等疲極
而復怖畏不能復進前路猶遠今欲退還導

而復怖畏不能復進前路猶遠今欲退還導
師多諸方便而作是念此等可愍云何捨大
珍寶而欲退還作是念已以方便力於險道
中過三百由旬化作一城告眾人言汝等勿
怖莫得退還今此大城可於中止隨意所作
若入是城快得安隱若能前至寶所亦可得
去是時疲極之眾心大歡喜歎未曾有我等
今者免斯惡道快得安隱於是眾人前入化
城生已度想生安隱想尒時導師知此人眾
既得止息無復疲惓想即滅化城語眾人言
汝等去來寶處在近向者大城我所化作為
止息耳諸比丘如來亦復如是今為汝等作
大導師知諸生死煩惱惡道險難長遠應去

欲親近便作是念佛道長遠久受勤苦乃可
得成佛知是心怯弱下劣以方便力而於中
道爲止息故說二涅槃若衆生住於二地如
來介時即便爲說汝等所作未辨汝所住地
近於佛慧當觀察籌量所得涅槃非真實也
但是如來方便之力於一佛乘分別說三如
彼導師爲止息故化作大城既知息已而告
之言寶處在近此城非實我化作耳介時世
尊欲重宣此義而說偈言

大通智勝佛　十劫坐道場　佛法不現前　不得成佛道
諸天神龍王　阿脩羅衆等　常雨於天華　以供養彼佛
諸天擊天鼓　并作衆伎樂　香風吹萎華　更雨新好者
過十小劫已　乃得成佛道　諸天及世人　心皆懷踊躍
彼佛十六子　皆與其眷屬　千万億圍繞　俱行至佛所

彼佛十六子　皆與其眷屬　千万億圍繞　俱行至佛所
頭面礼佛足　而請轉法輪　聖師子法雨　充我及一切
世尊甚難值　久遠時一見　為覺悟群生　震動於一切
東方諸世界　五百万億國　梵宮殿光曜　昔所未曾有
諸梵見此相　尋來至佛所　散華以供養　并奉上宮殿
請佛轉法輪　以偈而讚歎　佛知時未至　受請嘿然坐
三方及四維　上下亦復尒　散華奉宮殿　請佛轉法輪
世尊甚難值　願以大慈心　廣開甘露門　轉无上法輪
无量慧世尊　受彼衆人請　為宣種種法　四諦十二緣
无明至老死　皆從生緣有　如是衆過患　汝等應當知
宣暢是法時　六百万億姟　得盡諸苦際　皆成阿羅漢
第二說法時　千万恒沙衆　於諸法不受　亦得阿羅漢
從是後得道　其數无有量　万億劫筭數　不能得其邊

佛知童子心　宿世之所行　以无量因緣　種種諸譬喻
說六波羅蜜　及諸神通事　分別真實法　菩薩所行道
說是法華經　如恒河沙偈
彼佛說經已　靜室入禪定　一心一處坐　八万四千劫
是諸沙弥等　知佛禪未出　為无量億衆　說佛无上慧
各各坐法座　說是大乘經　於佛宴寂後　宣揚助法化
一一沙弥等　所度諸衆生　有六百万億　恒河沙等衆
彼佛滅度後　是諸聞法者　在在諸佛土　常與師俱生
是十六沙弥　具足行佛道　今現在十方　各得成正覺
尒時聞法者　各在諸佛所　其有住聲聞　漸教以佛道
我在十六數　曾亦為汝說　是故以方便　引汝趣佛慧
以是本因緣　今說法華經　令汝入佛道　慎勿懷驚懼
譬如險惡道　迥絕多毒獸　又復无水草　人所怖畏處

譬如險惡道　逈絶多毒獸　又復无水草　人所怖畏處
无數千万衆　欲過此險道　其路甚曠遠　經五百由旬
時有一導師　强識有智慧　明了心決定　在險濟衆難
衆人皆疲惓　而白導師言　我等今頓乏　於此欲退還
導師作是念　此輩甚可愍　如何欲退還　而失大珎寶
尋時思方便　當設神通力　化作大城郭　莊嚴諸舍宅
周帀有園林　渠流及浴池　重門高樓閣　男女皆充滿
即作是化已　慰衆言勿懼　汝等入此城　各可隨所樂
諸人既入城　心皆大歡喜　皆生安隱想　自謂已得度
導師知息已　集衆而告言　汝等當前進　此是化城耳
我見汝疲極　中道欲退還　故以方便力　權化作此城
汝今勤精進　當共至寶所　我亦復如是　為一切導師
見諸求道者　中路而懈廢　不能度生死　煩惱諸險道

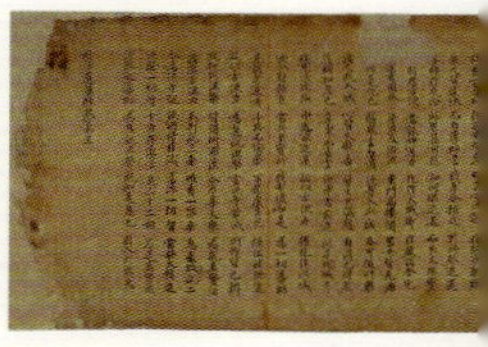

諸佛方便力　分別說三乘　唯有一佛乘　息處故說二

今為汝等說　汝所得非滅　為佛一切智　當發大精進

汝證一切智　十力等佛法　具三十二相　乃是真實滅

諸佛之導師　為息說涅槃　既知是息已　引入於佛慧

妙法蓮華經卷第三

BD00639 大般涅槃經（异卷）卷二五

（北涼）曇無讖 譯

794cm × 25.1cm

殊勝得金剛三昧安住是中悉能破散一切
諸法見一切法皆是無常皆是動相恐怖因
緣病苦劫盜念念滅壞無有真實一切皆是
魔之境界無可見相菩薩摩訶薩住是三昧
雖於衆生乃至不見一衆生實為衆生故精
懃脩集尸波羅蜜乃至脩集般若波羅蜜亦
復如是菩薩若見有一衆生不能畢竟具足
成就檀波羅蜜乃至具足般若波羅蜜善男
子譬如金剛所擬之處無不碎壞而是金剛
無有折損金剛三昧亦復如是所擬之法無
不碎壞而是三昧無有折損善男子如諸寶
中金剛最勝菩薩所得金剛三昧亦復如是
於諸三昧為最第一何以故菩薩摩訶薩脩

王悉来歸屬轉輪聖王一切三昧亦復如
悉来歸屬金剛三昧善男子譬如有人為國
怨讎人所歎患有人煞之一切世人無不稱讚
是人功德金剛三昧亦復如是菩薩脩集能
壞一切衆生怨敵是故常為一切三昧之所
宗敬善男子譬如有人其力盛壯人無當者
復更有人力能伏之當知是人世所稱美金
剛三昧亦復如是力能摧伏難伏之法以是義
故一切三昧悉来歸屬善男子譬如有人
在大海浴當知是人已用諸河泉池之水菩
薩摩訶薩亦復如是脩集如是金剛三昧當
知已為脩集其餘一切三昧善男子如香山
中有一泉水名阿那婆蹹多其泉具足八味
之水有人飲之無諸病苦金剛三昧亦復如
是具八正道菩薩脩集斷諸煩惱創疣重病

是具八正道菩薩脩集斷諸煩惱創疣重病
善男子如人供養摩醯首羅當知是人已為
供養一切諸天金剛三昧亦復如是有人脩
集當知已為脩集一切諸餘三昧善男子若
有菩薩安住如是金剛三昧見一切法無有
鄣㝵如於掌中觀阿摩勒菓菩薩雖復得如
是見終不作想見一切法善男子譬如有人
坐四衢道頭見諸衆生來去坐卧金剛三昧
亦復如是見一切法生滅出沒善男子譬如
高山有人登之遠望諸方皆悉明了金剛定
山亦復如是菩薩登之遠望諸法無不明了
善男子譬如春月天降甘雨其渧微細間無
空處明眼之人見之了了菩薩亦尒得金剛
定清淨之目遠見東方所有世界其中或有

如是善男子如劫盡時
有樹木藂林一切燒盡菩薩脩集金剛三昧
亦復如是所有一切煩惱藂林即時消滅善
男子譬如金剛雖能摧破一切有物終不
生念我能摧破金剛三昧亦復如是菩薩脩
已能破煩惱終不生念我能壞結善男子譬
如大地能持万物終不生念我力能持火亦
不念我能燒物水亦不念我能潤漬風亦不
念我能動物空亦不念我能容受涅槃亦尒
不生念言我令衆生而得滅度金剛三昧亦
復如是雖能滅除一切煩惱而初無心言我
能滅若有菩薩安住如是金剛三昧於一念
中變身如佛其數無量遍滿十方恒河沙等
諸佛世界而是菩薩雖作是化其心初無憍
慢之想何以故菩薩常念誰有是定能作是

愕之想何以故菩薩常念誰有是定能作是
化唯有菩薩安住如是金剛三昧方能作耳
菩薩訶薩安住如是金剛三昧於一念中
遍到十方恒河沙等諸佛世界還其本處雖
有是力亦不念言我能如是何以故以是三
昧因緣力故菩薩摩訶薩安住如是金剛三
昧於一念中能斷十方恒河沙等世界衆生
所有煩惱而心初無斷諸衆生煩惱之相何
以故以是三昧因緣力故菩薩住是金剛三
昧以一音聲有所演説一切衆生各隨種類
而得解了示現一色一切衆生各各皆見種種
色想安住一處身不移易能令衆生隨其方
面各各而見演説一法若界若入一切衆生
各隨本解而得聞之菩薩安住如是三昧雖

如相[illegible]
相雖見晝夜無晝夜相雖見一切無一切相
雖見一切煩惱諸結亦無一切煩惱之相見
八聖道無聖道相雖見菩提無菩提相見於
涅槃無涅槃相何以故善男子一切諸法本無
相故菩薩以是三昧力故見一切法如本
無相何故名為金剛三昧善男子譬如金剛
若在日中色則不定金剛三昧亦復如是在
於大衆色亦不定是故名為金剛三昧善男
子譬如金剛一切世人不能平賈金剛三昧
亦復如是所有功德一切人天不能平量是
故復名金剛三昧善男子譬如貧人得金剛
寶則得遠離貧窮困苦惡鬼耶毒菩薩摩訶
薩亦復如是得是三昧則能遠離煩惱諸苦
諸魔耶毒是故復名金剛三昧是名菩薩脩

諸魔耶毒是故復名金剛三昧是名菩薩脩
大涅槃具足成就第六功德
復次善男子云何菩薩摩訶薩脩大涅槃微
妙經典具足成就第七功德善男子菩薩摩
訶薩脩大涅槃微妙經典作是思惟何法能為
大般涅槃而作近因菩薩即知有四種法
為大涅槃而作近因若言懃脩一切苦行是
大涅槃近因緣者是義不然所以者何若離
四法得涅槃者無有是處何等為四一者親
近善友二者專心聽法三者繫念思惟四者如
法脩行善男子譬如有人身遇衆病若熱若
冷虛勞下瘧衆耶鬼毒到良醫所良醫即為
隨病說藥是人至心善受醫教隨教合藥如
法服之服已病愈身得安樂有病之人喻諸

喻如法脩行三十七助道之法病除愈者喻滅
煩惱得安樂者喻得涅槃常樂我淨善男子
譬如有王欲如法治令民安樂諮諸智臣其
法云何諸臣即以先王舊法而為說之王既
聞已至心信行如法治國無諸怨敵是故令
民安樂無患善男子王者喻諸菩薩諸智臣
者喻善知識智臣為王所說治法喻十二部
經王既聞已至心信行喻諸菩薩繫心思惟
十二部經所有深義如法治國喻諸菩薩如
法脩行所謂六波羅蜜以能脩集六波羅蜜
故無諸怨敵喻諸菩薩已離諸結煩惱惡賊
得安樂者喻諸菩薩得大涅槃常樂我淨善
男子譬如有人遇惡癩病有善知識而語之
言汝若能到須弥山邊病可得差所以者何

言汝若能到須弥山邊病可得差所以者何
彼有良藥味如甘露若能服者病無不愈其
人至心信是事已即往彼山採服甘露其人
病愈身得安樂惡癩病者喻諸凡夫善知識
者喻諸菩薩摩訶薩等至心信受喻四無量
心須弥山者喻八聖道甘露味者喻於佛性
癩病除愈喻離煩惱得安隱者喻得涅槃常
樂我淨善男子譬如有人畜諸弟子聰明大
智是人晝夜常教不惓諸菩薩等亦復如是
一切衆生有信不信而常教化無有疲猒善
男子善知識者所謂菩薩佛辟支佛聲聞人
中信方等者何故名為善知識世善知識者
能教衆生遠離十惡脩行十善以是義故名
善知識復次善知識者如法而說如說而行

人不煞乃至自行正見教人正見
則得名為真善知識自脩菩提亦能教人脩
行菩提以是義故名善知識自能脩行信戒
布施多聞智慧亦能教人信戒布施多聞智
慧復以是義名善知識善知識者有善法故
何等善法所作之事不求自樂常為衆生而
求於樂見他有過不說其短口常宣說純善
之事以是義故名善知識善男子如空中月
從初一日至十五日漸漸增長善知識者亦復
如是令諸學人漸遠惡法增長善法善男子
若有親近善知識者本未有戒定慧解脫解
脫知見即便有之未具足者則得增廣何以
故以其親近善知識故因是親近復得了達
十二部經甚深之義若能聽是十二部經甚深
義者是為聽法聽法者則是大乘方等經典

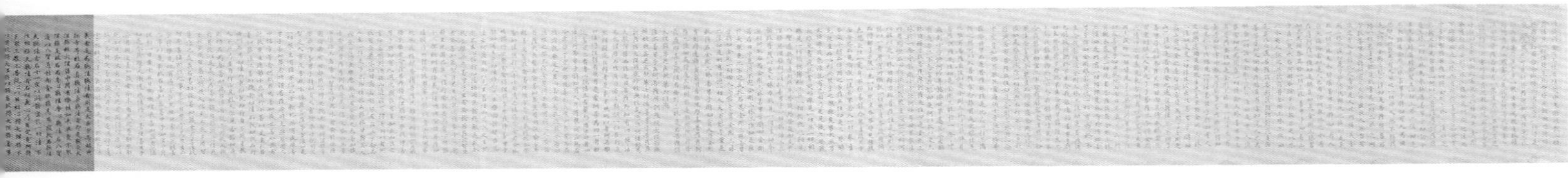

義者是爲聽法聽法者則是大乘方等經典
聽方等經名真聽法真聽法者即是聽受大
涅槃經大涅槃中聞有佛性如來畢竟不般
涅槃是故名爲專心聽法專心聽法名八聖
道以八聖道能斷貪欲瞋恚愚癡故名聽法
夫聽法者名十一空以此諸空於一切法不
作相貌夫聽法者名初發心乃至究竟阿耨
多羅三藐三菩提心以因初心得大涅槃不
以聞故得大涅槃以脩集故得大涅槃善男
子譬如病人雖聞醫教及藥名字不能愈病
以服食故能得差病雖聽十二深因緣法不
能得斷一切煩惱要以繫念善思惟故能得
除斷是名第三繫念思惟復以何義名繫念
思惟所謂三三昧空三昧無相三昧無作三

相香相味相觸相生相住相滅相男相女相
脩集如是三三昧者是名菩薩繫念思惟云
何名為如法脩行如法脩行即是脩行檀波
羅蜜乃至般若波羅蜜知陰入界真實之相
亦知聲聞緣覺諸佛同於一道而般涅槃法者
即是常樂我淨不生不老不病不死不飢不
渴不苦不惱不退不沒善男子解大涅槃甚
深義者則知諸佛終不畢竟入於涅槃善男
子第一真實善知識者所謂菩薩諸佛世尊
何以故常以三種善調御故何等為三一者
畢竟濡語二者畢竟呵嘖三者濡語呵嘖以
是義故菩薩諸佛即是真實善知識也復次
善男子佛及菩薩為大醫故名善知識何以
故知病知藥應病授藥故譬如良醫善八種

故知病知藥應病授藥故辟如良醫善八種
術先觀病根根有三種何等為三謂風熱水
有風病者授之蘇油熱病之人授之石蜜水
病之人授之薑湯以知病根授藥得差故名
良醫佛及菩薩亦復如是知諸凡夫病有三
種一者貪欲二者瞋恚三者愚癡貪欲病者
教觀骨相瞋恚病者觀慈悲相愚癡病者觀
十二因緣相以是義故諸佛菩薩名善知識
善男子如大舡師善度人故名大舡師諸佛
菩薩亦復如是度諸衆生生死大海以是義
故名善知識復次善男子因佛菩薩令諸衆
生具足脩得善法根故善男子辟如雪山乃
是種種微妙上藥根本之處佛及菩薩亦復
如是悉是一切善根本處以是義故名善知

中傷若有尊者增長壽命滿百二十若有念者
得宿命智何以故藥勢力故諸佛菩薩亦復如
是若有見者即得斷除一切煩惱雖有四魔
不能干亂若有尊者命不可夭不生不死不退
不沒所謂尊者若在佛邊聽受妙法若有念者
得阿耨多羅三藐三菩提以是義故諸佛菩
薩名善知識善男子如雪山中有阿那婆蹋
多池水因是池故有四大河所謂恒河辛頭私陁
博叉世間衆生常作是言若有罪者浴此四河衆
罪得滅當知此言虛妄不實除此已往何者為
實諸佛菩薩是乃為實所以者何若人親近則得
除滅一切衆罪以是義故名善知識復次善
男子譬如大地所有藥木一切叢林百穀甘蔗
華菓之屬值天亢旱將欲枯死難陁龍王及婆

華葉之屬值天旱將欲枯死難陁龍王及婆
難陁憐愍衆生從大海出降注甘雨一切藂林
百穀草木滋潤還生一切衆生亦復如是所有
善根將欲消滅諸佛菩薩生大慈悲從智慧海
降甘露雨令諸衆生具足還得十善之法以是
義故諸佛菩薩名善知識善男子譬如良醫
善八種術見諸病人不觀種姓端政好醜錢
財寶貨悉爲治之是故世稱爲大良醫諸佛
菩薩亦復如是見諸衆生有煩惱病不觀種
姓端政好醜錢財寶貨生慈愍心悉爲說法
衆生聞已煩惱病除以是義故諸佛菩薩名
善知識以是親近善友因緣則得近於大般
涅槃云何菩薩聽法因緣而得近於大般涅
槃一切衆生以聽法故則具信根得信根故

緣勢力善男子譬如長者唯有一子遣至他
國市易所須示其道路通塞之處而復誡之
若遇婬女慎無親近若親愛者喪身殞命及
以財寶弊惡之人亦不交通其子敬慎父之
教勅身心安隱多獲寶貨菩薩摩訶薩為諸
衆生敷演法要亦復如是示諸衆生及四部
衆諸道通塞是諸衆生以聞法故遠離諸惡
具足善法以是義故聽法因緣則得近於大
般涅槃善男子譬如明鏡照人面像無不明
了聽法明鏡亦復如是有人照之則見善惡
明了無翳以是義故聽法因緣則得近於大
般涅槃善男子譬如估客欲至寶渚不知道
路有人示之其人隨語即至寶渚多獲諸珎
不可稱計一切衆生亦復如是欲至善處採

路有人示之其人隨語即至寶渚多獲諸珍
不可稱計一切衆生亦復如是欲至善處採
取道寶不知其路通塞之處菩薩示之衆生隨
己得至善處獲得無上大涅槃寶以是義故
聽法因緣則得近於大般涅槃善男子譬如
醉象狂騃暴惡多欲煞害有調象師以大鐵
鉤鉤斲其頂即時調順惡心都盡一切衆生
亦復如是貪欲瞋恚愚癡醉故欲多造惡諸
菩薩等以聞法鉤斲之令住更不得起造諸
惡心以是義故聽法因緣則得近於大般涅
槃是故我於處處經中說我弟子專心聽受
十二部經則離五蓋脩七覺分以是脩集七
覺分故則得近於大般涅槃以聽法故須陁
洹人離諸恐怖所以者何須達長者身遭重

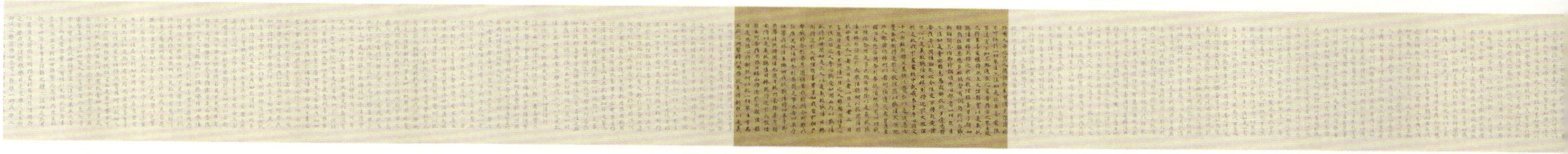

十種[illegible]
法因緣則得近於大般涅槃何以故開法眼
故世有三人一者無目二者一目三者二目
言無目者常不聞法一目之人雖暫聞法其心
不住二目之人專心聽受如聞而行以聽法
故得知世間如是三人以是義故聽法因緣
則得近於大般涅槃善男子如我昔於拘尸
那城時舍利弗身遇病苦我時顧命阿難比
丘廣為說法時舍利弗聞是事已告四弟子
汝舉我牀往至佛所我欲聽法時四弟子即
共舉往既得聞法已聞力故所苦除差身得
安隱以是義故聽法因緣則得近於大般涅
槃云何菩薩思惟因緣而得近於大般涅槃
因是思惟心得解脫何以故一切衆生常為
五欲之所繫縛以思惟故悉得解脫以是義

五欲之所繫縛以思惟故悉得解脫以是義
故思惟因緣則得近於大般涅槃復次善男子
一切衆生常爲常樂我淨四法之所顛倒
以思惟故得見諸法無常無樂無我無淨如
是見已四倒即斷以是義故思惟因緣則得
近於大般涅槃復次善男子一切諸法有四
種相何等爲四一者生相二者老相三者病
相四者滅相以是四相能令一切凡夫衆生
至須陀洹生大苦惱若能繫念善思惟者雖
遇此四不生於苦以是義故思惟因緣則得
近於大般涅槃復次善男子一切善法無不
因於思惟而得何以故有人雖於無量無邊
阿僧祇劫專心聽法若不思惟終不能得阿
耨多羅三藐三菩提以是義故思惟因緣則

思惟因緣力故因得斷除一切煩惱以是義
故思惟因緣則得近於大般涅槃云何菩薩
如法脩行善男子斷諸惡法脩集善法是名
菩薩如法脩行復次云何如法脩行見一切
法空無所有無常無樂無我無淨以是見故
寧捨身命不犯禁戒是名菩薩如法脩行
復次云何如法脩行脩有二種一者真實二
者不實不實者不知涅槃佛性如來法僧實
相虛空等相是名不實云何真實能知涅槃
佛性如來法僧實相虛空等相是名真實云何
名為知涅槃相涅槃之相凡有八事何等為
八一者盡二者善性三實四真五常六樂七
我八淨是名涅槃復有八事何等為八一者

BD00639　大般涅槃經（异卷）卷二五

我八淨是名涅槃復有八事何等為八一者
解脫二者善性三者不實四者不真五者無
常六者無樂七者無我八者無淨復有六者
一者解脫二者善性三者不實四者不真五
者安樂六者清淨若有衆生依世俗道斷煩
惱者如是涅槃則有八事解脫不實何以故
不常故以無常故則無有實無有實故則無
有真雖斷煩惱以還起故無常無我無樂無
淨是名涅槃解脫八事云何六相聲聞緣覺
斷煩惱故名為解脫而未能得阿耨多羅三
藐三菩提故名為不實以不實故名為不真
未来之世當得阿耨多羅三藐三菩提故名
無常以得無漏八聖道故名為淨樂善男子
若如是知是知涅槃不名佛性如来法僧實

七事一者可證餘六如上是故菩薩知於佛性
云何菩薩知如來相如來即是覺相善根常
樂我淨解脫真實示道可見是名菩薩知如
來相云何菩薩知於法相法者若善不善若
常不常若樂不樂若我無我若淨不淨若知
不知若解不解若真不真若脩不脩若師非
師若實不實是名菩薩知於法相云何菩薩
知於僧相僧者常樂我淨是弟子相可見之
相善真不實何以故一切聲聞得佛道故何故
名真悟法性故是名菩薩知於僧相云何菩
薩知於實相實相者若常無常若樂無樂
若我無我若淨無淨若善不善若有若無若
涅槃非涅槃若解脫非解脫若知不知若斷
不斷若證不證若脩不脩若見不見是名實

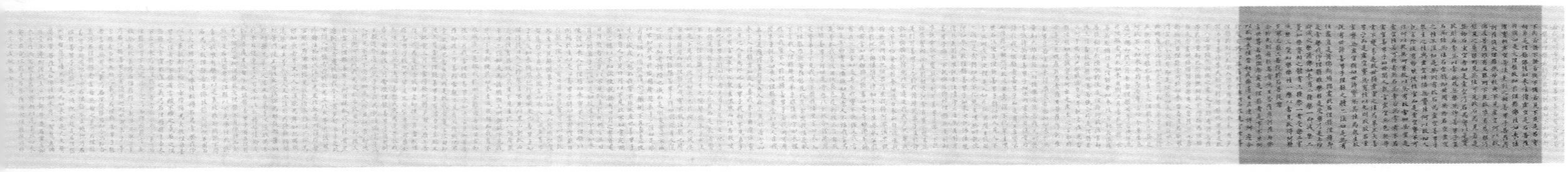

不斷若證不證若脩不脩若見不見是名實
相非是涅槃佛性如來法僧虛空是名菩薩
因脩如是大涅槃故知於涅槃佛性如來法
僧實相虛空等法差別之相善男子菩薩摩
訶薩脩大涅槃微妙經典不見虛空何以故
佛及菩薩雖有五眼所不見故唯有慧眼乃
能見之慧眼所見無法可見故名為見若是
無物名虛空者如是虛空乃名為實以是實
故則名常無以常無故無樂無淨善男子空
名無法無法名空譬如世間無物名空虛空
之性亦復如是無所有故名為虛空善男子
衆生之性與虛空性俱無實性何以故如人
說言除滅有物然後作空而是虛空實不可
作何以故無所有故以無有故當知無空是

常不變易是故世稱虛空之法為第五大善
男子而是虛空實無有性以光明故故名虛
空實無虛空猶如世諦實無其性為衆生故
說有世諦善男子涅槃之體亦復如是無有
住處直是諸佛斷煩惱處故名涅槃涅槃即
是常樂我淨涅槃雖樂非是受樂乃是上妙
寂滅之樂諸佛如來有二種樂一寂滅樂二
覺知樂實相之體有三種樂一者受樂二寂
滅樂三覺知樂佛性一樂以當見故得阿耨
多羅三藐三菩提時名菩提樂
尒時光明遍照高貴德王菩薩摩訶薩白佛
言世尊若煩惱斷處是涅槃者是事不然何
以故如來往昔初成佛道至尼連禪河邊尒

BD00639　大般涅槃經（异卷）卷二五

以故如来往昔初成佛道至尼連禪河邊尒
時魔王與其眷屬到於佛所而作是言世尊
涅槃時到何故不入佛告魔王我今未有多
聞弟子善持禁戒聰明利智能化衆生是故
不入若言煩惱斷滅之處是涅槃者諸菩薩
等於無量劫已斷煩惱何故不得稱為涅槃
俱是斷處何緣獨稱諸佛有之菩薩無也若
斷煩惱非涅槃者何故如来昔告生若婆羅
門言我今此身即是涅槃如来又時在毗舍
離國魔復啓請如来昔以未有弟子多聞持
戒聰明利智能化衆生不入涅槃今已具足
何故不入如来尒時即告魔言汝今莫生邑
遅之想却後三月吾當涅槃世尊若使滅度
非涅槃者何故如来自期三月當般涅槃世

[illegible]
後三月當般涅槃世尊若使尒時是涅槃者
云何方為拘尸那城諸力士等説言後夜當
般涅槃如來誠實云何出是虛妄之言尒時
世尊告光明遍照高貴德王菩薩摩訶薩
善男子若言如來得廣長舌當知如來於無
量劫已離妄語一切諸佛及諸菩薩凡所發
言誠諦無虛善男子如汝所言波旬往昔
請於我入涅槃者善男子而是魔王真實不
知涅槃之相何以故波旬意謂不化衆生嘿
然而住便是涅槃善男子譬如世人見人不
言無所造作便謂是人如死無異魔王波旬
亦復如是意謂如來不化衆生嘿無所説便
謂如來入般涅槃善男子如來不説佛法衆
僧無差別相唯説常住清淨二法無差別耳

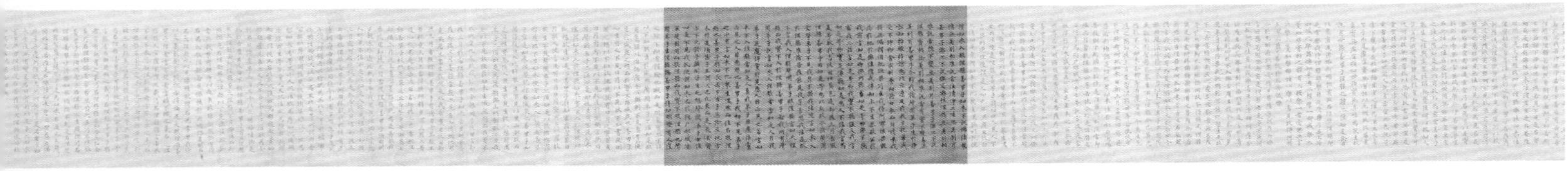

謂如来入般涅槃善男子如来不説佛法衆
僧無差别相唯説常住清淨二法無差别耳
善男子佛亦不説佛及佛性涅槃無差别相
唯説常恒不變無差别耳善男子佛亦不説
涅槃實相無差别相唯説常有實不變易無
差别耳善男子尒時我諸聲聞弟子生於諍
訟如拘睒弥諸悪比丘違反我教多犯禁戒
受不淨物貪求利養向諸白衣而自讃嘆我
得無漏謂須陁洹果乃至我得阿羅漢果毀
辱於他於佛法僧戒律和上不生恭敬公於
我前言如是物佛所聽畜如是等物佛不聽
畜我亦語言如是等物我實不聽復反我言
如是等物實是佛聽如是悪人不信我言為
是等故我告波旬汝莫悒遅却後三月當般

受學弟子不見我身不聞我說
於涅槃唯諸菩薩能見我身常聞我法是故
不言我入涅槃聲聞弟子雖復發言如來涅
槃而我實不入於涅槃善男子若我所有聲
聞弟子說言如來入涅槃者當知是人非我
弟子是魔伴黨耶見惡人非正見世若言如
來不入涅槃當知是人真我弟子非魔伴黨
正見之人非惡耶世善男子我初不見弟子
之中有言如來不化衆生嘿然而住名般涅
槃世善男子譬如長者多有子息捨至他方
未得還頃諸子並謂父已死矣而是長者實
亦不死諸子顛倒皆生死想聲聞弟子亦復
如是不見我故便謂如來已於拘尸那城娑
羅雙樹閒而般涅槃而我實不般涅槃世聲
聞弟子生涅槃想善男子譬如明燈有人覆

聞弟子生涅槃想善男子譬如明燈有人覆
之餘不知者謂燈世滅而是明炎實亦不滅
以不知故生於滅想聲聞弟子亦復如是雖
有慧眼以煩惱覆令心顛倒不見真身而便
生於滅度之想而我實不取滅度也善男子
如生盲人不見日月以不見故不知晝夜明
闇之想以不知故便說無有日月之實實有
日月盲者不見以不見故生於倒想言無日
月聲聞弟子亦復如是如彼生盲不見如來
便謂如來入於涅槃如來實不入於涅槃以
倒想故生如是心善男子譬如雲霧覆蔽日
月癡人便言無有日月日月實有直以覆故
衆生不見聲聞弟子亦復如是以諸煩惱覆
智慧眼不見如來便言如來入於滅度善男

是日性實無沒入衆生不見生沒入想聲聞
弟子亦復如是為諸煩惱山所鄣故不見我
身以不見故便於如來生滅度想而我實不
取滅度也是故我於毗舍離國告波旬言却
後三月我當涅槃善男子如來玄見迦葉菩
薩却後三月善根當熟亦見香山須跋陀羅
竟安居已當至我所是故我告魔王波旬却
後三月當般涅槃善男子有諸力士其數五
百終竟三月亦當得發阿耨多羅三藐三菩
提心我為是故告波旬言却後三月當般涅
槃善男子純陀等輩及五百梨車菴羅葉女
却後三月無上道心善根成熟為是等故我
告波旬却後三月當般涅槃善男子須那剎
多親近外道足犍子等我為說法斷十二年波

告波旬却後三月當般涅槃善男子須那剎
多親近外道尼乾子等我為說法滿十二年彼
人耶見不信不受我知是人耶見根栽却後
三月定可斫伐我為是故告波旬言却後三
月當般涅槃善男子何因緣故我於往昔尼
連河邊告魔波旬我今未有多智弟子是故
不得入涅槃者我時欲為五比丘等於波羅
捺轉法輪故次復欲為五比丘等所謂耶奢
富那毗摩羅闍憍梵波提須婆睺復次欲為
郁伽長者等五十人次復欲為摩伽陀國頻
婆娑羅王等無量人天次復欲為優樓頻螺
迦葉門徒五百比丘次復欲為那提迦葉 伽
耶迦葉兄弟二人及五百弟子次復欲為舍
利弗目揵連等二百五十比丘轉妙法輪是

[illegible]
煩惱是名涅槃非大涅槃以不見佛性故無
常無我唯有樂淨以是義故雖斷煩惱不得
名為大般涅槃若見佛性能斷煩惱是則名
為大涅槃也以見佛性故得名為常樂我淨
以是義故斷於煩惱亦得稱為大般涅槃善
男子涅者言不槃者言織不織之義名之涅
槃槃又言覆不覆之義乃名涅槃槃言去來
不去不來乃名涅槃槃者言取不取之義乃名
涅槃槃言不定定無不定乃名涅槃槃言新
故無新故義乃名涅槃槃言鄣㝵無鄣㝵義
乃名涅槃善男子有優樓迦迦毗羅弟子等
言槃者名相無相之義乃名涅槃善男子槃
者言有無有之義乃名涅槃槃名和合無和合
義乃名涅槃槃者言苦無苦之義乃名涅槃

義乃名涅槃槃者言苦無苦之義乃名涅槃
善男子斷煩惱者不名涅槃不生煩惱乃名
涅槃善男子諸佛如来煩惱不起是名涅槃
所有智慧於法無导是為如来非是凡夫聲
聞緣覺菩薩是名佛性如来身心智慧遍滿
無量無邊阿僧祇土無所鄣导是名虚空如
来常住無有變易名曰實相以是義故如来
實不畢竟涅槃是名菩薩脩大涅槃微妙經
典具足成就第七功德

大般涅槃經卷第二十五

BD00639　大般涅槃經（异卷）卷二五

BD00640

妙法蓮華經卷二

（後秦）鳩摩羅什 譯

169.5cm × 25.9cm

我聞是
昔來蒙佛教　不
我已得漏盡　聞亦除憂惱　我
若坐若經行　常思惟是事　嗚呼深自責　云何而自欺
我等亦佛子　同入无漏法　不能於未來　演說无上道
金色三十二　十力諸解脫　同共一法中　而不得此事
八十種妙好　十八不共法　如是等功德　而我皆已失
我獨經行時　見佛在大衆　名聞滿十方　廣饒益衆生
自惟失此利　我爲自欺誑　我常於日夜　每思惟是事
欲以問世尊　爲失爲不失　我常見世尊　稱讚諸菩薩
以是於日夜　籌量如是事　今聞佛音聲　隨宜而說法
无漏難思議　令衆至道場　我本著邪見　爲諸梵志師
世尊知我心　拔邪說涅槃　我悉除邪見　於空法得證

是時乃可謂　永盡滅无餘
佛扵大衆中　說我當作佛　聞如是法音　疑悔悉已除
初聞佛所說　心中大驚疑　將非魔作佛　惱亂我心耶
佛以種種緣　譬喻巧言說　其心安如海　我聞疑網斷
佛說過去世　无量滅度佛　安住方便中　亦皆說是法
現在未來佛　其數无有量　亦以諸方便　演說如是法
如今者世尊　從生及出家　得道轉法輪　亦以方便說
世尊說實道　波旬无此事　以是我定知　非是魔作佛
我墮疑網故　謂是魔所為　聞佛柔軟音　深遠甚微妙
演暢清淨法　我心大歡喜　疑悔永已盡　安住實智中
我定當作佛　為天人所敬　轉无上法輪　教化諸菩薩
尒時佛告舍利弗　吾今扵天人沙門婆羅門
等大衆中說　我昔曾扵二万億佛所為无
上道故常教化汝　汝亦長夜隨我受學　我以

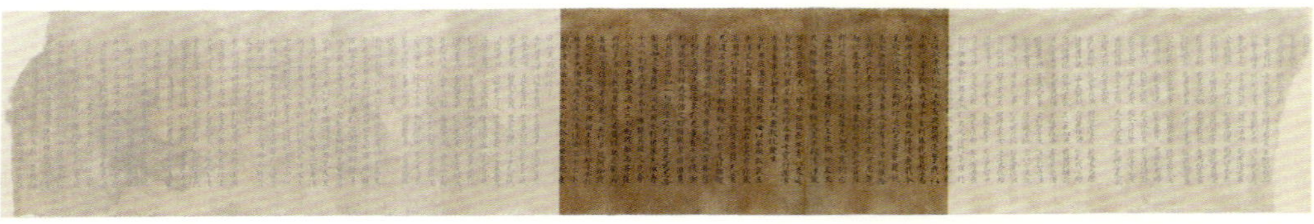

上道故常教化汝汝亦長夜隨我受學我以
方便引導汝故生我法中舍利弗我昔教汝志
願佛道汝今悉忘而便自謂已得滅度我今
還欲令汝憶念本願所行道故為諸聲聞說
是大乘經名妙法蓮華教菩薩法佛所護念
舍利弗汝於未來世過无量无邊不可思議
劫供養若干千万億佛奉持正法具足菩薩
所行之道當得作佛号曰華光如來應供正
遍知明行足善逝世間解无上士調御丈夫
天人師佛世尊國名離垢其土平政清淨嚴
飾安隱豐樂天人熾盛琉璃為地有八交道
黃金為繩以界其側其傍各有七寶行樹常
有華菓華光如來亦以三乘教化眾生

其國中以菩薩爲大寶故彼諸菩薩无量
无邊不可思議筭數譬喻所不能及非佛智
力无能知者若欲行時寶華承足此諸菩薩
非初發意皆久殖德本於无量百千万億佛
所淨脩梵行恒爲諸佛之所稱歎常脩佛慧
具大神通善知一切諸法之門質直无僞志念
堅固如是菩薩充滿其國舍利弗華光佛壽
十二小劫除爲王子未作佛時其國人民壽
八小劫華光如來過十二小劫授堅滿菩薩
阿耨多羅三藐三菩提記告諸比丘是堅滿
菩薩次當作佛号曰華足安行多陁阿伽度
阿羅呵三藐三佛陁其佛國土亦復如是舍利
弗是華光佛滅度之後正法住世三十二小
劫像法住世亦三十二小劫尒時世尊欲重

弗是華光佛滅度之後正法住世三十二小
劫像法住世亦三十二小劫尒時世尊欲重
宣此義而説偈言
舍利弗来世　成佛普智尊　号名曰華光　當度无量衆
供養无數佛　具足菩薩行　十力等功德　證於无上道
過无量劫已　劫名大寶嚴　世界名離垢　清淨无瑕穢
以瑠璃為地　金繩界其道　七寶雜色樹　常有華菓實
彼國諸菩薩　志念常堅固　神通波羅蜜　皆已悉具足
於无數佛所　善學菩薩道　如是等大士　華光佛所化
佛為王子時　棄國捨世榮　於冣末後身　出家成佛道
華光佛住世　壽十二小劫　其國人民衆　壽命八小劫
佛滅度之後　正法住於世　三十二小劫　廣度諸衆生
正法滅盡已　像法三十二　舍利廣流布　天人普供養
華光佛所為　其事皆如是　其兩足聖尊　冣勝无倫匹

龍夜叉乾闥婆阿脩羅迦樓羅緊那羅摩睺
羅伽等大衆見舍利弗於佛前受阿耨多
羅三藐三菩提記心大歡喜踊躍无量各各
脫身所著上衣以供養佛釋提桓因梵天王
等與无數天子亦以天妙衣天曼陀羅華摩
訶曼陀羅華等供養於佛所散天衣住虛空
中而自迴轉諸天伎樂百千万種於虛空中一
時俱作雨衆天華而作是言佛昔於波羅柰
初轉法輪今乃復轉无上最大法輪尒時諸
天子欲重宣此義而說偈言
昔於波羅柰　轉四諦法輪　分別說諸法　五衆之生滅
今復轉最妙　无上大法輪　是法甚深奧　少有能信者
我等從昔來　數聞世尊說　未曾聞如是　深妙之上法
世尊說是法　我等皆隨喜　大智舍利弗　今得受尊記

世尊說是法　我等皆隨喜　大智舍利弗　今得授尊記
我等亦如是　必當得作佛　於一切世間　冣尊无有上
佛道叵思議　方便隨宜說　我所有福業　今世若過世
及見佛功德　盡迴向佛道
尒時舍利弗白佛言世尊我今无復疑悔親
於佛前得授阿耨多羅三藐三菩提記是諸
千二百心自在者昔住學地佛常教化言我
法能離生老病死究竟涅槃是學无學人亦
各自以離我見及有无見等謂得涅槃而今
於世尊前聞所未聞皆墮疑惑善哉世尊願
為四衆說其因緣令離疑悔尒時佛告舍利
弗我先不言諸佛世尊以種種因緣譬喻言
便說法皆為阿耨多羅三藐三菩提耶
說皆為化菩薩故然舍利弗今當復

BD00641 大寶積經卷一〇三

（隋）達摩笈多 譯

96cm × 25.6cm

故觀無諍如斯覺故觀無知如斯覺故觀無
見如斯覺故觀無人如斯覺故觀無想如斯
覺故觀不可說如斯覺故觀但有名如斯覺
故觀無我如斯覺故觀分別起如斯覺故觀
從緣生如斯覺故觀如幻如斯覺故觀如化
如斯覺故觀如夢如斯覺故觀如鏡像如斯
覺故觀如聲響如斯覺故觀如芭蕉如斯覺
故觀不久住如斯覺故觀不牢固如斯覺故
觀虛妄如斯覺故觀無物如斯覺故是為菩
薩覺一切法
復次文殊師利云何菩薩摩訶薩覺貪恚
癡所謂覺彼貪欲因分別起故覺彼瞋恚因分
別起故覺彼愚癡因分別起故而亦覺彼分

別空無所有無物無戲論不可說不可證故
復次文殊師利云何菩薩摩訶薩覺於三界所謂覺彼欲界无我人故覺彼色界无所作故覺彼无色界空无有故覺彼三界皆遠離故是為菩薩覺一切法
是為菩薩覺一切法
復次文殊師利云何菩薩摩訶薩覺衆生行
所謂覺是衆生貪欲行故覺是衆生瞋恚行
故覺是衆生愚癡行故覺是衆生等分行故
如是覺已如是證知如是為說如是教化衆生
如是令得解脫是為菩薩覺一切法
復次文殊師利云何菩薩摩訶薩覺一切衆
生所謂覺一切衆生但有其名離彼名已無
別衆生是故一切衆生即一衆生彼一衆生
即一切衆生如是衆生即非衆生若能如是
無分別者是為菩薩摩訶薩覺一切法又復
云何覺一切法能如是覺菩薩道故是為菩
薩摩訶薩覺一切法爾時世尊重明此義以

薩摩訶薩覺一切法尒時世尊重明此義以
偈頌曰
覺眼及與耳　自體常空寂　不言我能覺　是名為菩薩
觀鼻及與舌　本性無所有　不分別我覺　是名為菩薩
智慧觀察身　亦覺意自然　覺已為他説　是名為菩薩
色聲香味觸　意所樂諸塵　覺知本性空　是名為菩薩
覺色及受想　諸行與識心　一切斯同幻　是名為菩薩
五陰聚如夢　覺彼無一相　不分別我知　是名為菩薩
不生亦不出　無住復無言　如是説唯名　彼名亦非物
覺貪欲瞋恚　斯由分別起　彼分別無體　畢竟終自空
癡亦分別生　分別因緣出　緣此生諸見　諸見不可得
覺察三界空　一切無真實　於彼不可動　故名為菩薩
欲界不成就　皆緣分別起　色有無色有　一切不牢固

衆生之所行　智者悉明了　貪欲與瞋恚　及彼愚癡等
一切諸衆生　即彼一衆生　智者無所覺　不念彼衆生
諸法之所起　悉因顛倒生　覺彼顛倒者　知顛倒真相
智慧甚微妙　不求諸音聲　覺已無所著　故名為菩薩
能捨己肉身　終亦無依止　如是覺真實　乃名為菩薩
至持戒彼岸　亦不念彼戒　覺戒行法如　無生亦無盡
慈心遍衆生　不得衆生相　覺彼衆生際　但以假言宣
勇猛大精進　深心厭有為　見三界空虛　證無上等覺
常入微妙禪　無著無所依　無住無攀緣　智者定如是
能以利智刀　斷除諸見縛　觀察法界性　無害亦無傷
若人真覺了　一切法如實　應時利衆生　乃名為菩薩

善住意天子所問經卷第一百三

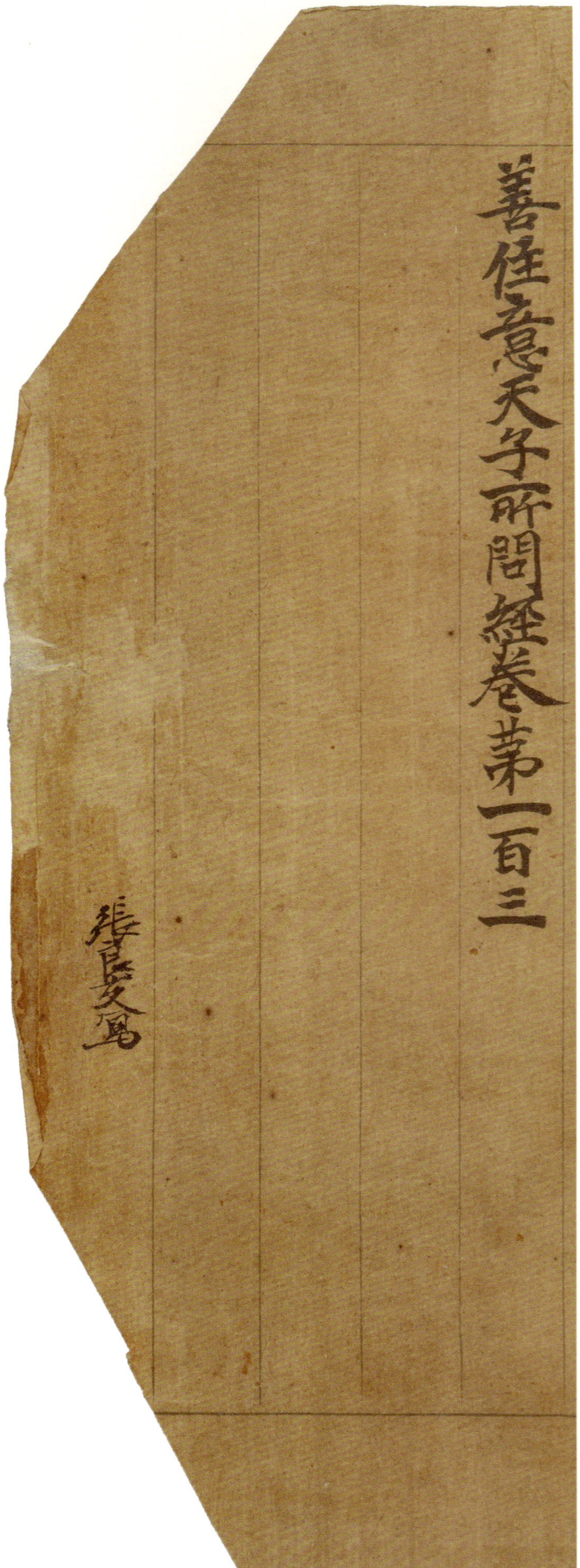
善住意天子所問經卷第一百三

張良友寫

BD00642 金光明經卷二

（北凉）曇無讖 譯

89.4cm×26cm

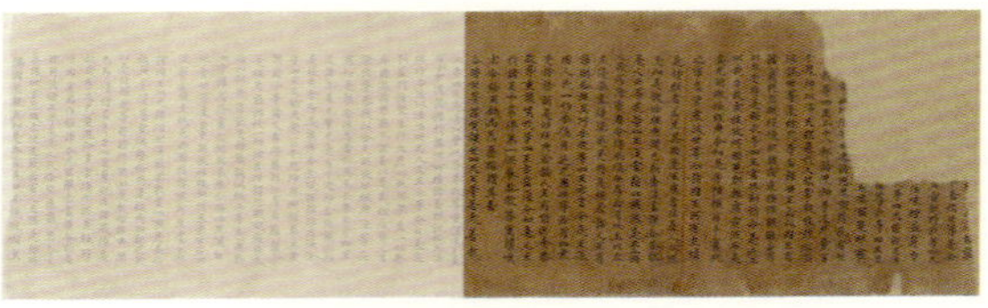

多能
十苦惱世尊是金
廣宣說時我等四天
法味增益身力
我等四天能說正法
世尊我等四王及
迦樓羅緊那羅
羅伽以法治世遮諸惡鬼噉精氣者世
我等四王二十八部諸鬼神等及无量百
千鬼神以淨天眼過於人眼常觀擁護此閻
浮提世尊是故我等名護世王若此國土有
諸衰耗怨賊侵境飢饉疾疫種種艱難若有
比丘受持是經我等四王當共勸請令是比丘

[illegible]經典令如是等種種百千衰耗
之事悉皆盡滅世尊如諸國王所有土境
是持經者若至其國是王應當往是人所聽
受如是微妙經典聞已歡喜復當護念恭敬
是人世尊我等四王復當勤心擁護是王及國
人民為除衰患令得安隱世尊若有比丘比丘
尼優婆塞優婆夷受持是經若諸人王有
能供給施其所安我等四王亦當令是王及
國人民一切安隱具足无患世尊若有四衆
受持讀誦是妙經典若諸人王有能供養恭
敬尊重讚嘆我等四王亦當復令如是人王
於諸王中常得第一供養恭敬尊重讚嘆
亦令餘王欽尚羡慕稱讚其善
尒時世尊讚嘆護世四天王等善哉善哉

尒時世尊讚嘆護世四天王等善哉善哉
汝等四天過去以曾供養恭敬尊重讚嘆无量
百千万億諸佛於諸佛所種諸善根說於正法
脩行正法以法治世為人天王汝等今日長夜
利益於諸衆生行大悲心施與衆生一切樂
具能遮諸惡勤與諸善以是義故若有人王
能供養恭敬此金光明微妙經典汝等正
應如是護念滅其苦惱與其安樂汝等四王
及諸眷屬无量无邊百千鬼神若能護念如
是經典者即是護持去來現在諸佛正法汝
等四王及餘天衆百千鬼神與阿脩羅共戰
鬪時汝等諸天常得勝利汝等若能護念
是經悉能調伏一切諸苦所謂怨賊飢饉疾疫
若四部衆有能受持讀誦此經汝等亦應勤

流布若國土城邑郡縣村落隨所至處若
諸國王以天律治世復能恭敬至心聽受是妙
經典并復尊重供養給侍是經典四部之衆
以是因緣我等時時得聞如是微妙經典聞
已即得增益身力心進勇鋭具諸威德是
故我等及无量鬼神常當隱形隨是經所
流布處而作擁護令无留難亦當護念聽是
經典諸國王等及其人民除其患難悉令
安隱他方惡賊亦使退散若有人王聽是經時
隣國惡敵興如是念當具四兵壞彼國土

BD00643

金剛般若波羅蜜經

（後秦）鳩摩羅什 譯

99cm × 25cm

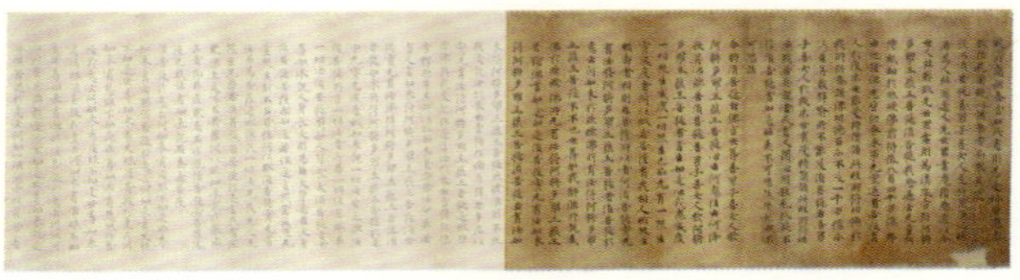

羅所應供養當知此處則為是塔皆應恭
敬作礼圍繞以諸華香而散其處
復次須菩提善男子善女人受持讀誦此經
若為人輕賤是人先世罪業應墮惡道以今
世人輕賤故先世罪業則為消滅當得阿耨
多羅三藐三菩提須菩提我念過去无量阿
僧祇劫於然燈佛前得值八百四千万億那
由他諸佛悉皆供養承事无空過者若復有
人於後末世能受持讀誦此經所得功德於
我所供養諸佛功德百分不及一千万億分
乃至算數譬喻所不能及須菩提若善男
子善女人於後末世有受持讀誦此經所得功
德我若具說者或有人聞心則狂亂狐疑不

尒時須菩提白佛言世尊善男子善女人發
阿耨多羅三藐三菩提心云何應住云何降
伏其心佛告須菩提善男子善女人發阿耨
多羅三藐三菩提者當生如是心我應滅度
一切衆生滅度一切衆生已而无有一衆生
實滅度者何以故若菩薩有我相人相衆生
相壽者相則非菩薩所以者何須菩提實无
有法發阿耨多羅三藐三菩提者須菩提於
意云何如来於然燈佛所有法得阿耨多羅
三藐三菩提不不也世尊如我解佛所説義
佛於然燈佛所无有法得阿耨多羅三藐三
菩提佛言如是如是須菩提實无有法如来
得阿耨多羅三藐三菩提須菩提若有法如

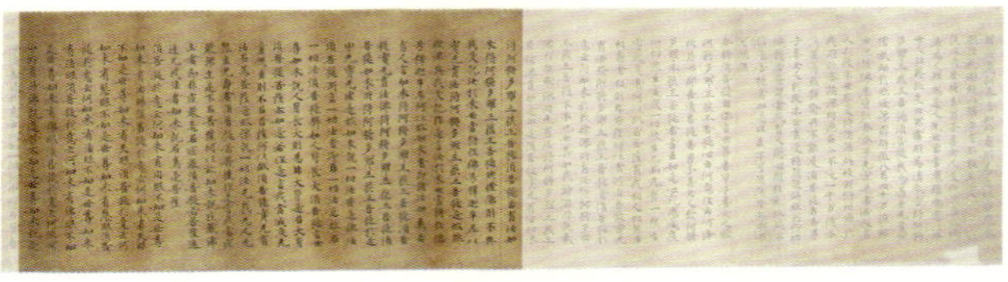

得阿耨多羅三藐三菩提須菩提若有法如
来得阿耨多羅三藐三菩提然燈佛則不與
我受記汝於来世當得作佛号釋迦牟尼以
實无有法得阿耨多羅三藐三菩提是故然
燈佛與我受記作是言汝於来世當得作佛
号釋迦牟尼何以故如来者即諸法如義若
有人言如来得阿耨多羅三藐三菩提須菩
提實无有法佛得阿耨多羅三藐三菩提須
菩提如来所得阿耨多羅三藐三菩提於是
中无實无虚是故如来說一切法皆是佛法
須菩提所言一切法者即非一切法是故名
一切法須菩提譬如人身長大須菩提言世
尊如来說人身長大則為非大身是名大身

法名為菩薩是故佛說一切法无我无人无
衆生无壽者須菩提若菩薩作是言我當莊
嚴佛土是不名菩薩何以故如来說莊嚴佛
土者即非莊嚴是名莊嚴須菩提若菩薩通
達无我法者如来說名真是菩薩
須菩提於意云何如来有肉眼不如是世尊
如来有肉眼須菩提於意云何如来有天眼
不如是世尊如来有天眼須菩提於意云何
如来有慧眼不如是世尊如来有慧眼須菩
提於意云何如来有法眼不如是世尊如来
有法眼須菩提於意云何如来有佛眼不如
是世尊如来有佛眼須菩提於意云何恒河
中所有沙佛說是沙不如是世尊如来說是

BD00643　金剛般若波羅蜜經

中所有沙佛說是沙不如是世尊如来說是
沙須菩提於意云何如一恒河中所有沙有

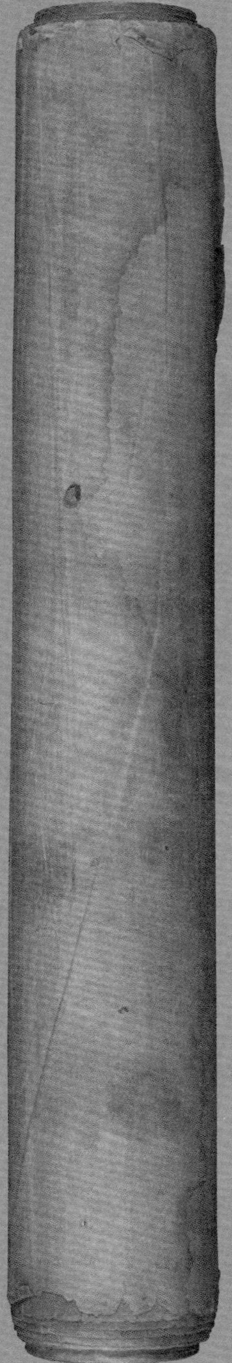

BD00644 妙法蓮華經卷六

（後秦）鳩摩羅什 譯

996.5cm × 26.5cm

想无想非
如是等在衆生數者有人求福隨其
樂之具皆給與之一一衆生與滿閻浮提金
銀瑠璃車璖馬瑙珊瑚虎珀諸妙珎寶及爲
馬車乘七寶所成宮殿樓閣等是大施主如
是布施滿八十年已而作是念我已施衆生
娛樂之具隨意所欲然此衆生皆已衰老年
過八十髮白面皺將死不久我當以佛法而
訓導之即集此衆生宣布法化示教利喜一
時皆得須陁洹道斯陁含道阿那含道阿羅
漢道盡諸有漏於深禪定皆得自在具八解
脫於汝意云何是大施主所得功德寧爲多
不彌勒白佛言世尊是人功德甚多无量无

汝是人以一切樂具施於四百万億阿僧祇
世界六趣衆生又令得阿羅漢果所得功德
不如是第五十人聞法華經一偈隨喜功德
百分千分百千万億分不及其一乃至筭數
譬喻所不能知阿逸多如是第五十人展轉
聞法華經隨喜功德尚无量无邊阿僧祇何
況㝡初於會中聞而隨喜者其福復勝无量
无邊阿僧祇不可得比又阿逸多若人為是
經故往詣僧坊若坐若立須臾聽受緣是功
德轉身所生得好上妙象馬車乘珎寶輦轝
及乘天宮若復有人於講法處坐更有人來
勸令坐聽若分座令坐是人功德轉身得帝
釋坐處若梵王坐處若轉輪聖王所坐之處
阿逸多若復有人語餘人言有經名法華可

阿逸多若復有人語餘人言有經名法華可
共往聽即受其教乃至須臾間聞是人功德
轉身得與陀羅尼菩薩共生一處利根智慧
百千万世終不瘖瘂口氣不臭舌常无病口
亦无病齒不垢黑不黃不疎亦不缺落不差
不曲脣不下垂亦不褰縮不麤澀不瘡胗亦
不缺壞亦不喎斜不厚不大亦不黧黑无諸
可惡鼻不匾㔸亦不曲戾面色不黑亦不狹
長亦不窊曲无有一切不可憙相脣舌牙齒
悉皆嚴好鼻脩高直面貌圓滿眉高而長額
廣平正人相具足世世所生見佛聞法信受
教誨阿逸多汝且觀是勸於一人令往聽法
功德如此何况一心聽說讀誦而於大衆為
人分別如說脩行尒時世尊欲重宣此義而

如是展轉教　至于第五十　冣後人獲福　今當分別之
如有大施主　供給无量衆　具滿八十歲　隨意之所欲
見彼衰老相　髮白而面皺　齒踈形枯竭　念其死不久
我今應當教　令得於道果　即爲方便說　涅槃真實法
世皆不牢固　如水沫泡焰　汝等咸應當　疾生猒離心
諸人聞是法　皆得阿羅漢　具足六神通　三明八解脫
冣後第五十　聞一偈隨喜　是人福勝彼　不可爲譬喻
如是展轉聞　其福尚无量　何況於法會　初聞隨喜者
若有勸一人　將引聽法華　言此經深妙　千万劫難遇
即受教往聽　乃至須臾聞　斯人之福報　今當分別說
世世无口患　齒不踈黃黑　脣不厚褰缺　无有可惡相
舌不乾黑短　鼻高脩且直　額廣而平正　面目悉端嚴
爲人所憙見　口氣无臭穢　優鉢華之香　常從其口出
若故詣僧坊　欲聽法華經　須臾聞歡喜　今當說其福

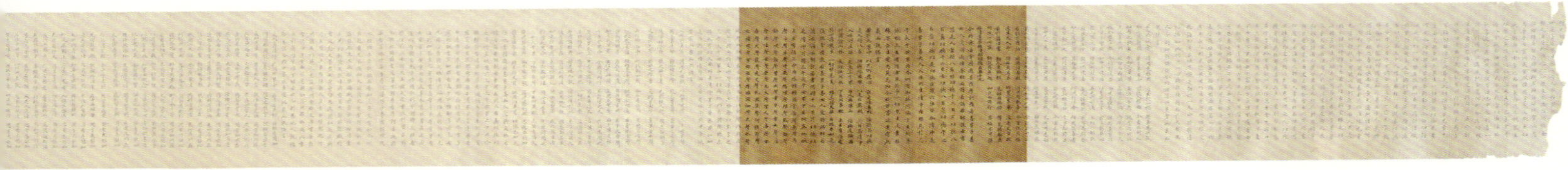

為人所喜見　口氣無臭穢　優鉢華之香　常從其口出
若故詣僧坊　欲聽法華經　須臾聞歡喜　今當說其福
後生天人中　得妙象馬車　珎寶之輦輿　及乘天宮殿
若於講法處　勸人坐聽經　是福因緣得　釋梵轉輪座
何況一心聽　解說其義趣　如說而脩行　其福不可限

妙法蓮華經法師功德品第十九

尒時佛告常精進菩薩摩訶薩若善男子善
女人受持是法華經若讀若誦若解說若書
寫是人當得八百眼功德千二百耳功德八
百鼻功德千二百舌功德八百身功德千二
百意功德以是功德莊嚴六根皆令清淨是
善男子善女人父母所生清淨肉眼見於三
千大千世界內外所有山林河海下至阿鼻
地獄上至有頂亦見其中一切衆生及業因

若於大衆中　以无所畏心　說是法華經　汝聽其功德
是人得八百　功德殊勝眼　以是莊嚴故　其目甚清淨
父母所生眼　悉見三千界　内外弥樓山　須弥及鐵圍
并諸餘山林　大海江河水　下至阿鼻獄　上至有頂處
其中諸衆生　一切皆悉見　雖未得天眼　肉眼力如是
復次常精進若善男子善女人受持此經若
讀若誦若解說若書寫得千二百耳功德以
是清淨耳聞三千大千世界下至阿鼻地獄
上至有頂其中内外種種語言音聲象聲馬
聲牛聲車聲啼哭聲愁歎聲螺聲鼓聲鍾聲
鈴聲咲聲語聲男聲女聲童子聲童女聲法
聲非法聲苦聲樂聲凡夫聲聖人聲喜聲不
喜聲天聲龍聲夜叉聲乾闥婆聲阿脩羅聲
迦樓羅聲緊那羅聲摩睺羅伽聲火聲水聲

喜聲天聲龍聲夜叉聲乾闥婆聲阿修羅聲
迦樓羅聲緊那羅聲摩睺羅伽聲火聲水聲
風聲地獄聲畜生聲餓鬼聲比丘聲比丘尼
聲聲聞聲辟支佛聲菩薩聲佛聲以要言之
三千大千世界中一切內外所有諸聲雖未
得天耳以父母所生清淨常耳皆悉聞知如
是分別種種音聲而不壞耳根尒時世尊欲
重宣此義而說偈言
父母所生耳　清淨无濁穢　以此常耳聞　三千世界聲
象馬車牛聲　鍾鈴螺鼓聲　琴瑟箜篌聲　簫笛之音聲
清淨好歌聲　聽之而不著　无數種人聲　聞悉能解了
又聞諸天聲　微妙之歌音　及聞男女聲　童男童女聲
山川險谷中　迦陵頻伽聲　命命等諸鳥　悉聞其音聲
地獄衆苦痛　種種楚毒聲　餓鬼飢渴逼　求索飲食聲

十方世界中　禽獸鳴相呼　其說法之人　於此悉聞之
其諸梵天上　光音及遍淨　乃至有頂天　言語之音聲
法師住於此　悉皆得聞之　一切比丘眾　及諸比丘尼
若讀誦經典　若為他人說　法師住於此　悉皆得聞之
復有諸菩薩　讀誦於經法　若為他人說　撰集解其義
如是諸音聲　悉皆得聞之　諸佛大聖尊　教化眾生者
於諸大眾中　演說微妙法　持此法華者　悉皆得聞之
三千大千界　內外諸音聲　下至阿鼻獄　上至有頂天
皆聞其音聲　而不壞耳根　其耳聰利故　悉能分別知
持是法華者　雖未得天耳　但用所生耳　功德已如是
復次常精進　若善男子善女人受持是經　若
讀若誦若解說若書寫成就八百鼻功德　以
是清淨鼻根　聞於三千大千世界上下內外
種種諸香　須曼那華香　闍提華香　末利華香

種種諸香須曼那華香闍提華香末利華香
瞻蔔華香波羅羅華香赤蓮華香青蓮華香
白蓮華香華樹香菓樹香栴檀香沉水香多
摩羅跋香多伽羅香及千万種和香若末若
丸若塗香持是經者於此間住悉能分別又
復別知衆生之香象香馬香牛羊等香男香
女香童子香童女香及草木叢林香若近若
遠所有諸香悉皆得聞分別不錯持是經者
雖住於此亦聞天上諸天之香波利質多羅
拘鞞陀羅樹香及曼陀羅華香摩訶曼陀羅
華香曼殊沙華香摩訶曼殊沙華香栴檀沉
水種種末香諸雜華香如是等天香和合所
出之香无不聞知又聞諸天身香釋提桓因
在勝殿上五欲娛樂嬉戲時香若在妙法堂

乃至梵世上至有頂諸天身香亦皆聞之并
聞諸天所燒之香及聲聞香辟支佛香菩薩
香諸佛身香亦皆遥聞知其所在雖聞此香
然於鼻根不壞不錯若欲分别為他人說憶
念不謬尒時世尊欲重宣此義而說偈言

是人鼻清淨　於此世界中　若香若臭物　種種悉聞知
須曼那闍提　多摩羅栴檀　沈水及桂香　種種華菓香
及知衆生香　男子女人香　說法者遠住　聞香知所在
大勢轉輪王　小轉輪及子　群臣諸宫人　聞香知所在
身所著珎寶　及地中寳藏　轉輪王寳女　聞香知所在
諸人嚴身具　衣服及瓔珞　種種所塗香　聞則知其身
諸天若行坐　遊戲及神變　持是法華者　聞香悉能知
諸樹華菓實　及蘇油香氣　持經者住此　悉知其所在
諸山深險處　栴檀樹華敷　衆生在中者　聞香皆能知

諸山深險處　栴檀樹華敷　衆生在中者　聞香皆能知
鐵圍山大海　地中諸衆生　持經者聞香　悉知其所在
阿脩羅男女　及其諸眷屬　鬪諍遊戲時　聞香皆能知
曠野險隘處　師子象虎狼　野牛水牛等　聞香知所在
若有懷妊者　未辯其男女　无根及非人　聞香悉能知
以聞香力故　知其初懷妊　成就不成就　安樂産福子
以聞香力故　知男女所念　染欲癡恚心　亦知脩善者
地中衆伏藏　金銀諸珎寶　銅器之所盛　聞香悉能知
種種諸瓔珞　无能識其價　聞香知貴賤　出處及所在
天上諸華等　曼陁曼殊沙　波利質多樹　聞香悉能知
天上諸宮殿　上中下差別　衆寶華莊嚴　聞香悉能知
天園林勝殿　諸觀妙法堂　在中而娛樂　聞香悉能知
諸天若聽法　或受五欲時　來往行坐卧　聞香悉能知
天女所著衣　好華香莊嚴　周旋遊戲時　聞香悉能知

諸比丘衆等　於法常精進　若坐若經行　及讀誦經法
或在林樹下　專精而坐禪　持經者聞香　悉知其所在
菩薩志堅固　坐禪若讀誦　或為人說法　聞香悉能知
在在方世尊　一切所恭敬　愍衆而說法　聞香悉能知
衆生在佛前　聞經皆歡喜　如法而脩行　聞香悉能知
雖未得菩薩　无漏法生鼻　而是持經者　先得此鼻相
復次常精進若善男子善女人受持是經若
讀若誦若解說若書寫得千二百舌功德若
好若醜若美不美及諸苦澁物在其舌根皆
變成上味如天甘露无不美者若以舌根於
大衆中有所演說出深妙聲能入其心皆令
歡喜快樂又諸天子天女釋梵諸天聞是深
妙音聲有所演說言論次第皆悉來聽及諸
龍龍女夜叉夜叉女乾闥婆乾闥婆女阿脩羅

龍龍女夜叉夜叉女乾闥婆乾闥婆女阿脩羅
阿脩羅女迦樓羅迦樓羅女緊那羅緊那
羅女摩睺羅伽摩睺羅伽女為聽法故皆来
親近恭敬供養及比丘比丘尼優婆塞優婆
夷國王王子羣臣眷屬小轉輪王大轉輪王
七寶千子內外眷屬乘其宮殿俱来聽法以
是菩薩善說法故婆羅門居士國內人民盡
其形壽隨侍供養又諸聲聞辟支佛菩薩諸
佛常樂見之是人所在方面諸佛皆向其處
說法悉能受持一切佛法又能出於深妙法
音尒時世尊欲重宣此義而說偈言
是人舌根淨　終不受惡味　其有所食噉　悉皆成甘露
以深淨妙音　於大衆說法　以諸因緣喻　引導衆生心
聞者皆歡喜　設諸上供養　諸天龍夜叉　及阿脩羅等

合掌恭敬心　常来聽受法　諸天龍夜叉　羅刹毗舍闍
亦以歡喜心　常樂来供養　梵天王魔王　自在大自在
如是諸天衆　常来至其所　諸佛及弟子　聞其說法音
常念而守護　或時為現身
復次常精進若善男子善女人受持是經若
讀若誦若解說若書寫得八百身功德得清
淨身如淨瑠璃衆生憙見其身淨故三千大
千世界衆生生時死時上下好醜生善處惡
處悉於中現及鐵圍山大鐵圍山弥樓山摩
訶弥樓山等諸山及其中衆生悉於中現下
至阿鼻地獄上至有頂所有及衆生悉於中
現若聲聞辟支佛菩薩諸佛說法皆於身中
現其色像尒時世尊欲重宣此義而說偈言
若持法華者　其身甚清淨　如彼淨瑠璃　衆生皆憙見

若持法華者　其身甚清淨　如彼淨瑠璃　衆生皆憙見
又如淨明鏡　悉見諸色像　菩薩於淨身　皆見世所有
唯獨自明了　餘人所不見　三千世界中　一切諸羣萌
天人阿脩羅　地獄鬼畜生　如是諸色像　皆於身中現
諸天等宮殿　乃至於有頂　鐵圍及彌樓　摩訶彌樓山
諸大海水等　皆於身中現　諸佛及聲聞　佛子菩薩等
若獨若在衆　說法悉皆現　雖未得无漏　法性之妙身
以清淨常體　一切於中現

復次常精進若善男子善女人如來滅後受
持是經若讀若誦若解說若書寫得千二百
意功德以是清淨意根乃至聞一偈一句通
達无量无邊之義解是義已能演說一句一
偈至於一月四月乃至一歲諸所說法隨其

六趣衆生心之所行心所動作心所戲論皆
悉知之雖未得无漏智慧而其意根清淨如
此是人有所思惟籌量言説皆是佛法无不
真實亦是先佛經中所説尒時世尊欲重宣
此義而説偈言
是人意清淨　明利无穢濁　以此妙意根　知上中下法
乃至聞一偈　通達无量義　次第如法説　月四月至歳
是世界内外　一切諸衆生　若天龍及人　夜叉鬼神等
其在六趣中　所念若干種　持法華之報　一時皆悉知
十方无數佛　百福莊嚴相　為衆生説法　悉聞能受持
思惟无量義　説法亦无量　終始不忘錯　以持法華故
悉知諸法相　随義識次第　達名字語言　如所知演説
此人有所説　皆是先佛法　以演此法故　於衆无所畏
持法華經者　意根淨若斯　雖未得无漏　先有如是相

此人有所說　皆是先佛法　以演此法故　於眾无所畏
持法華經者　意根淨若斯　雖未得无漏　先有如是相
是人持此經　安住希有地　為一切眾生　歡喜而愛敬
能以千万種　善巧之語言　分別而說法　持法華經故

妙法蓮華經常不輕菩薩品第二十

尒時佛告得大勢菩薩摩訶薩　汝今當知　若
比丘比丘尼優婆塞優婆夷持法華經者　若
有惡口罵詈誹謗　獲大罪報　如前所說　其所
得功德　如向所說　眼耳鼻舌身意清淨　得大
勢　乃往古昔過无量无邊不可思議阿僧祇
劫　有佛名威音王如來應供正遍知明行足
善逝世間解无上士調御丈夫天人師佛世
尊　劫名離衰　國名大成　其威音王佛於彼世
中　為天人阿脩羅說法　為求聲聞者　說應四

耨三菩提說應六波羅蜜法究竟佛慧得大
勢是威音王佛壽四十万億那由他恒河沙
劫正法住世劫數如一閻浮提微塵像法住
世劫數如四天下微塵其佛饒益衆生已然
後滅度正法像法滅盡之後於此國土復有佛
出亦号威音王如来應供正遍知明行足
善逝世間解无上士調御丈夫天人師佛世
尊如是次第有二万億佛皆同一号最初威
音王如来既已滅度正法滅後於像法中增
上慢比丘有大勢力尒時有一菩薩比丘名
常不輕得大勢以何因緣名常不輕是比丘
凡有所見若比丘比丘尼優婆塞優婆夷皆
悉礼拜讚嘆而作是言我深敬汝等不敢輕
慢所以者何汝等皆行菩薩道當得作佛而

悉礼拜讚歎而作是言我深敬汝等不敢輕
慢所以者何汝等皆行菩薩道當得作佛而
是比丘不專讀誦經典但行礼拜乃至遠見
四衆亦復故往礼拜讚嘆而作是言我不敢
輕於汝等汝等皆當作佛四衆之中有生瞋
恚心不淨者惡口罵詈言是无智比丘從何
所來自言我不輕汝而與我等受記當得作
佛我等不用如是虛妄受記如此經歷多
年常被罵詈不生瞋恚常作是言汝當作佛
說是語時衆人或以杖木瓦石而打擲之避
走遠住猶高聲唱言我不敢輕於汝等汝等
皆當作佛以其常作是語故增上慢比丘比
丘尼優婆塞優婆夷号之為常不輕是比丘
臨欲終時於虛空中具聞威音王佛先所說

淨已更增壽命二百万億那由他歲廣為人
說是法華經於時增上慢四衆比丘比丘尼
優婆塞優婆夷輕賤是人為作不輕名者見
其得大神通力樂說辯力大善寂力聞其所
說皆信伏隨從是菩薩復化千万億衆令住
阿耨多羅三藐三菩提命終之後得值二千
億佛皆号日月燈明於其法中說是法華經
以是因緣復值二千億佛皆同一号雲自在燈王
於此諸佛法中受持讀誦為諸四衆說此經
典故得是常眼清淨耳鼻舌身意諸根清淨
於四衆中說法心无所畏得大勢是常不輕
菩薩摩訶薩供養如是若干諸佛恭敬尊重
讚歎種諸善根於後復值千万億佛亦於諸
佛法中說是經典功德成就當得作佛得大

佛法中說是經典功德成就當得作佛得大
勢於意云何尒時常不輕菩薩豈異人乎則
我身是若我於宿世不受持讀誦此經為他
人說者不能疾得阿耨多羅三藐三菩提我
於先佛所受持讀誦此經為人說故疾得阿
耨多羅三藐三菩提大勢彼時四衆比丘
比丘尼優婆塞優婆夷以瞋恚意輕賤我故
二百億劫常不值佛不聞法不見僧千劫於
阿鼻地獄受大苦惱畢是罪已復遇常不輕
菩薩教化阿耨多羅三藐三菩提得大勢於
汝意云何尒時四衆常輕是菩薩者豈異人
乎今此會中跋陁婆羅等五百菩薩師子月
等五百比丘尼思佛等五百優婆塞皆於阿

於阿耨多羅三藐三菩提是故諸菩薩摩訶
薩於如來滅後常應受持讀誦解說書寫是
經尒時世尊欲重宣此義而說偈言
過去有佛 号威音王 神智无量 將導一切
天人龍神 所共供養 是佛滅後 法欲盡時
有一菩薩 名常不輕 時諸四衆 計著於法
不輕菩薩 往到其所 而語之言 我不輕汝
汝等行道 皆當作佛 諸人聞已 輕毀罵詈
不輕菩薩 能忍受之 其罪畢已 臨命終時
得聞此經 六根清淨 神通力故 增益壽命
復為諸人 廣說是經 諸著法衆 皆蒙菩薩
教化成就 令住佛道 不輕命終 值无數佛
說是經故 得无量福 漸具功德 疾成佛道
彼時不輕 則我身是 時四部衆 著法之者

說是經故　得無量福　漸具功德　疾成佛道
彼時不輕　則我身是　時四部眾　著法之者
聞不輕言　汝當作佛　以是因緣　值無數佛
此會菩薩　五百之眾　并及四部　清信士女
今於我前　聽法者是　我於前世　勸是諸人
聽受斯經　第一之法　開示教人　令住涅槃
世世受持　如是經典　億億万劫　至不可議
時乃得聞　是法華經　億億万劫　至不可議
諸佛世尊　時說是經　是故行者　於佛滅後
聞如是經　勿生疑惑　應當一心　廣說此經
世世值佛　疾成佛道

妙法蓮華經如來神力品第二十一

尒時千世界微塵等菩薩摩訶薩從地踊出
者皆於佛前一心合掌瞻仰尊顏而白佛言

得是真淨大法受持讀誦解說書寫而供養
之尒時世尊於文殊師利等无量百千万億
舊住娑婆世界菩薩摩訶薩及諸比丘比丘
尼優婆塞優婆夷天龍夜叉乾闥婆阿脩羅
迦樓羅緊那羅摩睺羅伽人非人等一切衆
前現大神力出廣長舌上至梵世一切毛孔
放於无量无數色光皆悉遍照十方世界衆
寶樹下師子座上諸佛亦復如是出廣長舌
放无量光釋迦牟尼佛及寶樹下諸佛現神
力時滿百千歲然後還攝舌相一時謦欬俱
共彈指是二音聲遍至十方諸佛世界地皆六
種震動其中衆生天龍夜叉乾闥婆阿脩
羅迦樓羅緊那羅摩睺羅伽人非人等以佛
神力故皆見此娑婆世界无量无邊百千万

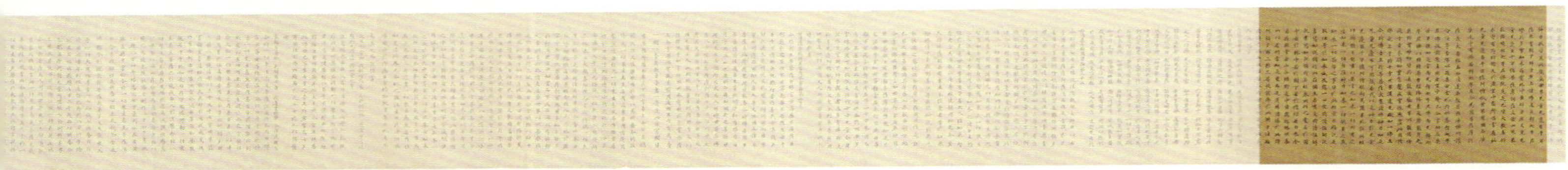

神力故皆見此娑婆世界无量无邊百千万
億衆寶樹下師子座上諸佛及見釋迦牟尼
佛共多寶如来在寶塔中坐師子座又見无
量无邊百千万億菩薩摩訶薩及諸四衆恭
敬圍繞釋迦牟尼佛既見是已皆大歡喜得
未曾有即時諸天於虛空中高聲唱言過此
无量无邊百千万億阿僧祇世界有國名娑
婆是中有佛名釋迦牟尼今爲諸菩薩摩訶
薩說大乘經名妙法蓮華教菩薩法佛所護
念汝等當深心隨喜亦當礼拜供養釋迦牟
尼佛彼諸衆生聞虛空中聲已合掌向娑婆
世界作如是言南无釋迦牟尼佛南无釋迦
牟尼佛以種種華香瓔珞幡蓋及諸嚴身之

佛之上于時十方世界通達无礙如一佛土
尒時佛告上行等菩薩大衆諸佛神力如是
无量无邊不可思議若我以是神力於无量
无邊百千万億阿僧祇劫爲囑累故說此經
功德猶不能盡以要言之如來一切所有之
法如來一切自在神力如來一切秘要之藏
如來一切甚深之事皆於此經宣示顯說是
故汝等於如來滅後應一心受持讀誦解說
書寫如說脩行所在國土若有受持讀誦解
說書寫如說脩行若經卷所住之處若於園
中若於林中若於樹下若於僧坊若白衣舍
若在殿堂若山谷曠野是中皆應起塔供養
所以者何當知是處即是道場諸佛於此得
阿耨多羅三藐三菩提諸佛於此轉于法輪

BD00644　妙法蓮華經卷六

阿耨多羅三藐三菩提諸佛於此轉于法輪
諸佛於此而般涅槃尒時世尊欲重宣此義
而說偈言
諸佛救世者 住於大神通 為悅衆生故 現无量神力
舌相至梵天 身放无數光 為求佛道者 現此希有事
諸佛謦欬聲 及彈指之聲 周聞十方國 地皆六種動
以佛滅度後 能持是經故 諸佛皆歡喜 現无量神力
囑累是經故 讚美受持者 於无量劫中 猶故不能盡
是人之功德 无邊无有窮 如十方虛空 不可得邊際
能持是經者 則為已見我 亦見多寶佛 及諸分身者
又見我今日 教化諸菩薩 能持是經者 令我及分身
滅度多寶佛 一切皆歡喜 十方現在佛 并過去未來
亦見亦供養 亦令得歡喜 諸佛坐道場 所得秘要法

於如來滅後　知佛所說經　因緣及次第　隨義如實說
如日月光明　能除諸幽暝　斯人行世間　能滅衆生闇
教无量菩薩　畢竟住一乘　是故有智者　聞此功德利
於我滅度後　應受持斯經　是人於佛道　決定无有疑

妙法蓮華經囑累品第二十二

尒時釋迦牟尼佛從法座起現大神力以右
手摩无量菩薩摩訶薩頂而作是言我於无
量百千万億阿僧祇劫脩習是難得阿耨多
羅三藐三菩提法今以付囑汝等汝等應當
一心流布此法廣令增益如是三摩諸菩薩
摩訶薩頂而作是言我於无量百千万億阿
僧祇劫脩習是難得阿耨多羅三藐三菩提
法今以付囑汝等汝等當受持讀誦廣宣此
法令一切衆生普得聞知所以者何如來有

法令一切衆生普得聞知所以者何如来有
大慈悲无諸慳悋亦无所畏能與衆生佛之
智慧如来智慧自然智慧如来是一切衆生
之大施主汝等亦應随學如来之法勿生慳
悋於未来世若有善男子善女人信如来智
慧者當為演説此法華經使得聞知為令其
人得佛慧故若有衆生不信受者當於如来
餘深法中示教利喜汝等若能如是則為已
報諸佛之恩時諸菩薩摩訶薩聞佛作是説
已皆大歡喜遍滿其身益加恭敬曲躬低頭
合掌向佛俱發聲言如世尊勅當具奉行唯
然世尊願不有慮諸菩薩摩訶薩衆如是三
反俱發聲言如世尊勅當具奉行唯然世尊

寶佛塔還可如故說是語時十方无量分身
諸佛坐寶樹下師子座上者及多寶佛并上
行等无邊阿僧祇菩薩大衆舍利弗等聲聞
四衆及一切世間天人阿脩羅等聞佛所說
皆大歡喜

妙法蓮華經藥王菩薩本事品第二十三

尒時宿王華菩薩白佛言世尊藥王菩薩云
何遊於娑婆世界世尊是藥王菩薩有若干
百千万億那由他難行苦行善哉世尊願少
解說諸天龍神夜叉乾闥婆阿脩羅迦樓羅
緊那羅摩睺羅伽人非人等又他國土諸来
菩薩及此聲聞衆聞皆歡喜尒時佛告宿王
華菩薩乃往過去无量恒河沙劫有佛号日
月淨明德如来應供正遍知明行足善逝世

月淨明德如來應供正遍知明行足善逝世
間解无上士調御丈夫天人師佛世尊其佛
有八十億大菩薩摩訶薩七十二恒河沙大
聲聞衆佛壽四万二千劫菩薩壽命亦等彼
國无有女人地獄餓鬼畜生阿脩羅等及以
諸難地平如掌瑠璃所成寶樹莊嚴寶帳覆
上垂寶華幡寶瓶香爐周遍國界七寶爲臺
一樹一臺其樹去臺盡一箭道此諸寶樹皆
有菩薩聲聞而坐其下諸寶臺上各有百億
諸天作天伎樂歌嘆於佛以爲供養尒時彼
佛爲一切衆生惠見菩薩及衆菩薩諸聲聞
衆説法華經是一切衆生惠見菩薩樂習苦
行於日月淨明德佛法中精進經行一心求

身三昧皆是得聞法華經力我今當供養日
月淨明德佛及法華經即時入是三昧於虛
空中雨曼陁羅華摩訶曼陁羅華細末堅黑
栴檀滿虛空中如雲而下又雨海此岸栴檀
之香此香六銖價直娑婆世界以供養佛作
是供養已從三昧起而自念言我雖以神力
供養於佛不如以身供養即服諸香栴檀薰
陸兜樓婆畢力迦沈水膠香又飲瞻蔔諸華
香油滿千二百歲已香油塗身於日月淨明
德佛前以天寶衣而自纏身灌諸香油以神
通力願而自燃身光明遍照八十億恒河沙
世界其中諸佛同時讚言善哉善哉善男子
是真精進是名真法供養如來若以華香瓔
珞燒香末香塗香天繒幡蓋及海此岸栴檀

是真精進是名真法供養如來若以華香瓔
珞燒香末香塗香天繒幡蓋及海此岸栴檀
之香如是等種種諸物供養所不能及假使
國城妻子布施亦所不及善男子是名第一
之施於諸施中最尊最上以法供養諸如來
故作是語已而各嘿然其身火然千二百歲
過是已後其身乃盡一切衆生憙見菩薩作
如是法供養已命終之後復生日月淨明德
佛國中於淨德王家結跏趺坐忽然化生即
為其父而說偈言
大王今當知　我經行彼處　即時得一切　現諸身三昧
懃行大精進　捨所愛之身
說是偈已而白父言日月淨明德佛今故現
在我先供養佛已得解一切衆生語言陀羅

此佛白已即坐七寶之臺上升虛空高七多
羅樹往到佛所頭面礼足合十指爪以偈讚
佛
容顏甚奇妙 光明照十方 我適曾供養 今復還親近
尒時一切衆生憙見菩薩說是偈已而白佛
言世尊世尊猶故在世尒時日月淨明德佛
告一切衆生憙見菩薩善男子我涅槃時到
滅盡時至汝可安施牀座我於今夜當般涅
槃又勑一切衆生憙見菩薩善男子我以佛
法囑累於汝及諸菩薩大弟子并阿耨多羅
三藐三菩提法亦以三千大千七寶世界諸
寶樹寶臺及給侍諸天悉付於汝我滅度後
所有舍利亦付囑汝當令流布廣設供養應
起若干千塔如是日月淨明德佛勑一切衆

起若千千塔如是日月淨明德佛勑一切衆
生憙見菩薩已於夜後分入於涅槃尒時一
切衆生憙見菩薩見佛滅度悲感懊惱戀慕
於佛即以海此岸栴檀爲𧂐供養佛身而以
燒之火滅已後收取舍利作八万四千寶瓶
以起八万四千塔高三世界表刹莊嚴垂諸
幡蓋懸衆寶鈴尒時一切衆生憙見菩薩復
自念言我雖作是供養心猶未足我今當更
供養舍利便語諸菩薩大弟子及天龍夜叉
等一切大衆汝等當一心念我今供養日月
淨明德佛舍利作是語已即於八万四千塔
前然百福莊嚴臂七万二千歲而以供養令
无數求聲聞衆无量阿僧祇人發阿耨多羅

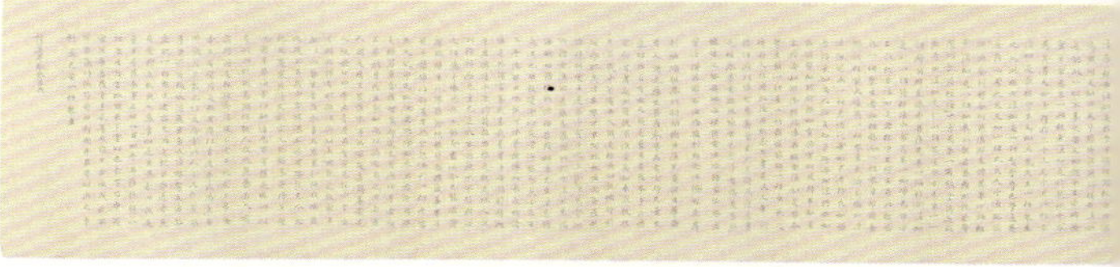

悲哀而作是言此一切衆生憙見菩薩是我
等師教化我者而今燒臂身不具足于時一
切衆生憙見菩薩於大衆中立此誓言我捨
兩臂必當得佛金色之身若實不虛令我兩
臂還復如故作是誓已自然還復由斯菩薩
福德智慧淳厚所致當尒之時三千大千世
界六種震動天雨寶華一切人天得未曾有
佛告宿王華菩薩於汝意云何一切衆生憙
見菩薩豈異人乎今藥王菩薩是也其所捨
身布施如是无量百千万億那由他數宿王
華若有發心欲得阿耨多羅三藐三菩提者
能然手指乃至足一指供養佛塔勝以國城
妻子及三千大千國土山林河池諸珎寶物
而供養者若復有人以七寶滿三千大千世

而供養者若復有人以七寶滿三千大千世
界供養於佛及大菩薩辟支佛阿羅漢是人
所得功德不如受持此法華經乃至一四句
偈其福最多宿王華辟如一切川流江河諸
水之中海為第一此法華經亦復如是於諸
如來所説經中最為深大又如土山黑山小
鐵圍山大鐵圍山及十寶山衆山之中須弥
山為第一此法華經亦復如是於諸經中最
為其上又如衆星之中月天子最為第一此
法華經亦復如是於千万億種諸經法中最
為照明又如日天子能除諸闇此經亦復如
是能破一切不善之闇又如諸小王中轉輪
聖王最為第一此經亦復如是於衆經中最

之父此經亦復如是一切賢聖學无學及發
菩薩心者之父又如一切凡夫人中須陁洹
斯陁含阿那含阿羅漢辟支佛為第一此經
亦復如是一切如來所說若菩薩所說若聲
聞所說諸經法中最為第一有能受持是經
典者亦復如是於一切眾生中亦為第一一
切聲聞辟支佛中菩薩為第一此經亦復如
是於一切諸經法中最為第一如佛為諸法
王此經亦復如是諸經中王宿王華此經能
救一切眾生者此經能令一切眾生離諸苦
惱此經能大饒益一切眾生充滿其願如清
涼池能滿一切諸渴乏者如寒者得火如裸
者得衣如商人得主如子得母如渡得船如
病得醫如暗得燈如貧得寶如民得王如賈

病得醫如暗得燈如貧得寶如民得王如賈
客得海如炬除暗此法華經亦復如是能令
衆生離一切苦一切病痛能解一切生死之
縛若人得聞此法華經若自書若使人書所
得功德以佛智慧籌量多少不得其邊若書
是經卷華香瓔珞燒香末香塗香幡蓋衣服
種種之燈蘇燈油燈諸香油燈瞻蔔油燈須
曼油燈波羅羅油燈婆利師迦油燈那婆摩
利油燈供養所得功德亦復无量宿王華若
有人聞是藥王菩薩本事品者亦得无量无
邊功德若有女人聞是藥王菩薩本事品能
受持者盡是女身後不復受若如來滅後後
五百歲中若有女人聞是經典如說脩行於

所惱亦復不為瞋恚愚癡所惱亦復不為憍
慢嫉妬諸垢所惱得菩薩神通无生法忍得
是忍已眼根清淨以是清淨眼根見七百万
二千億那由他恒河沙等諸佛如来是時諸
佛遥共讚言善哉善哉善男子汝能於釋迦
牟尼佛法中受持讀誦思惟是經為他人說
所得福德无量无邊火不能燒水不能漂汝
之功德千佛共說不能令盡汝今已能破諸
魔賊壞生死軍諸餘怨敵皆悉摧滅善男子
百千諸佛以神通力共守護汝於一切世間
天人之中无如汝者唯除如来其諸聲聞辟
支佛乃至菩薩智慧禪定无有與汝等者宿
王華此菩薩成就如是功德智慧之力若有
人聞是藥王菩薩本事品能隨喜讚善者是

人聞是藥王菩薩本事品能隨喜讚善者是
人現世口中常出青蓮華香身毛孔中常出
牛頭栴檀香所得功德如上所說是故宿王
華以此藥王菩薩本事品囑累於汝我滅度
後後五百歲中廣宣流布於閻浮提无令斷
絶惡魔魔民諸天龍夜叉鳩槃荼等得其便
也宿王華汝當以神通之力守護是經所以
者何此經則為閻浮提人病之良藥若人有
病得聞是經病即消滅不老不死宿王華汝
若見有受持是經者應以青蓮華盛滿末香
供散其上散已作是念言此人不久必當取
草坐於道場破諸魔軍當吹法螺擊大法鼓
度脫一切衆生老病死海是故求佛道者見
有受持是經典人應當如是生恭敬心說是

宿王華菩薩言善哉善哉宿王華汝成就不
可思議功德乃能問釋迦牟尼佛如此之事
利益无量一切衆生

妙法蓮華經卷第六

BD00645 妙法蓮華經卷四

（後秦）鳩摩羅什 譯

437.4cm × 27cm

是智慧方
聞授諸大弟子阿耨多羅三
藐三菩提記復聞宿世因緣之事復聞諸佛
有大自在神通之力得未曾有心淨踊躍即
從座起到於佛前頭面礼足却住一面瞻仰
尊顏目不暫捨而作是念世尊甚奇特所為
希有隨順世間若干種性以方便知見而為
說法拔出衆生處處貪著我等於佛功德言
不能宣唯佛世尊能知我等深心本願尒時
佛告諸比丘汝等見是富樓那彌多羅尼子
不我常稱其於說法人中最為第一亦常歎
其種種功德精勤護持助宣我法能於四衆

多謂富樓那但能護持助宣我法亦於過去
九十億諸佛所護持助宣佛之正法於彼說
法人中亦冣第一又於諸佛所說空法明了
通達得四无礙智常能審諦清淨說法无有
疑惑具足菩薩神通之力隨其壽命常脩梵
行彼佛世人咸皆謂之實是聲聞而富樓那
以斯方便饒益无量百千衆生又化无量阿
僧祇人令立阿耨多羅三藐三菩提為淨佛
土故常作佛事教化衆生諸比丘富樓那亦
於七佛說法人中而得第一今於我所說法
人中亦為第一於賢劫中當來諸佛說法人
中亦復第一而皆護持助宣佛法亦於未來
護持助宣无量无邊諸佛之法教化饒益无
量衆生令立阿耨

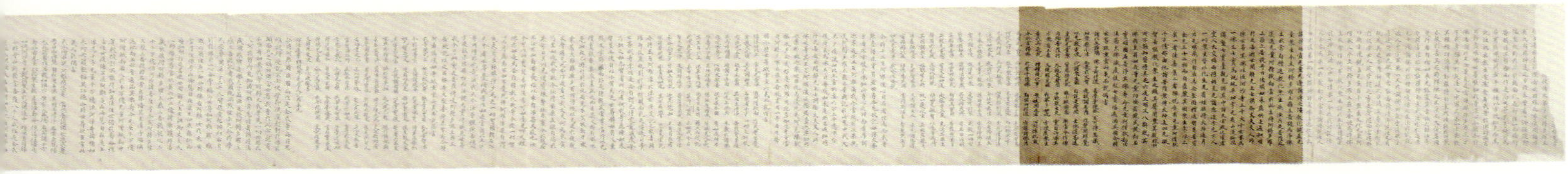

護持助宣无量无邊諸佛之法教化饒益无
量衆生令立阿耨多羅三藐三菩提爲淨佛
土故常勤精進教化衆生漸漸具足菩薩之
道過无量阿僧祇劫當於此土得阿耨多羅
三藐三菩提号曰法明如來應供正遍知明
行足善逝世間解无上士調御丈夫天人師
佛世尊其佛以恒河沙等三千大千世界爲
一佛土七寶爲地地平如掌无有山陵谿澗
溝壑七寶臺觀充滿其中諸天宮殿近處虛
空人天交接兩得相見无諸惡道亦无女人
一切衆生皆以化生无有婬欲得大神通身
出光明飛行自在志念堅固精進智慧普皆
金色三十二相而自莊嚴其國衆生常以二
食一者法喜食二者禪悅食有无量阿僧祇

所不能知皆得具足六通三明及八解脫其
佛國土有如是等无量功德莊嚴成就劫名
寶明國名善淨其佛壽命无量阿僧祇劫法
住甚久佛滅度後起七寶塔遍滿其國尒時
世尊欲重宣此義而說偈言
諸比丘諦聽　佛子所行道　善學方便故　不可得思議
知衆樂小法　而畏於大智　是故諸菩薩　作聲聞緣覺
以无數方便　化諸衆生類　自說是聲聞　去佛道甚遠
度脫无量衆　皆悉得成就　雖小欲懈怠　漸當令作佛
內秘菩薩行　外現是聲聞　少欲猒生死　實自淨佛土
示衆有三毒　又現邪見相　我弟子如是　方便度衆生
若我具足說　種種現化事　衆生聞是者　心則懷疑惑
今此富樓那　於昔千億佛　勤脩所行道　宣護諸佛法

今此富樓那 於昔千億佛 勤修所行道 宣護諸佛法
為求无上慧 而於諸佛所 現居弟子上 多聞有智慧
所說无所畏 能令衆歡喜 未曾有疲倦 而以助佛事
已度大神通 具四无礙慧 知衆根利鈍 常說清淨法
演暢如是義 教諸千億衆 令住大乘法 而自淨佛土
未來亦供養 无量无數佛 護助宣正法 亦自淨佛土
常以諸方便 說法无所畏 度不可計衆 成就一切智
供養諸如來 護持法寶藏 其後得成佛 号名曰法明
其國名善淨 七寶所合成 劫名為寶明 菩薩衆甚多
其數无量億 皆度大神通 威德力具足 充滿其國土
聲聞亦无數 三明八解脫 得四无礙智 以是等為僧
其國諸衆生 婬欲皆已斷 純一變化生 具相莊嚴身
法喜禪悅食 更無餘食想 无有諸女人 亦无諸惡道
富樓那比丘 功德悉成滿 當得斯淨土 賢聖衆甚多

歡喜得未曾有若世尊各見授記如餘大弟
子者不亦快乎佛知此等心之所念告摩訶
迦葉是千二百阿羅漢我今當現前次第與
受阿耨多羅三藐三菩提記於此衆中我大
弟子憍陳如比丘當供養六万二千億佛然
後得成為佛号曰普明如來應供正遍知明
行足善逝世間解无上士調御丈夫天人師
佛世尊其五百阿羅漢漚樓頻蠡迦葉伽耶
迦葉那提迦葉迦留陁夷優陁夷阿㝹樓馱
離波多劫賓那薄拘羅周陁莎伽陁等皆當
得阿耨多羅三藐三菩提盡同一号名曰普
明尒時世尊欲重宣此義而說偈言
憍陳如比丘　當見无量佛　過阿僧祇劫　乃成等正覺

BD00645　妙法蓮華經卷四

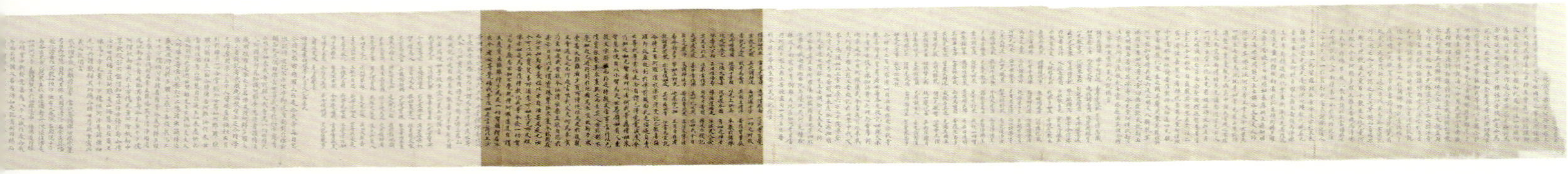

憍陳如比丘　當見无量佛　過阿僧祇劫　乃成等正覺
常放大光明　具足諸神通　名聞遍十方　一切之所敬
常說无上道　故号為普明　其國土清淨　菩薩皆勇猛
咸昇妙樓閣　遊諸十方國　以无上供具　奉獻於諸佛
作是供養已　心懷大歡喜　須臾還本國　有如是神力
佛壽六万劫　正法住倍壽　像法復倍是　法滅天人憂
其五百比丘　次第當作佛　同号曰普明　轉次而授記
我滅度之後　某甲當作佛　其所化世間　亦如我今日
國土之嚴淨　及諸神通力　菩薩聲聞衆　正法及像法
壽命劫多少　皆如上所說　迦葉汝已知　五百自在者
餘諸聲聞衆　亦當復如是　其不在此會　汝當為宣說
尒時五百阿羅漢於佛前得受記已歡喜踊
躍即從座起到於佛前頭面礼足悔過自責
世尊我等常作是念自謂已得究竟滅度今

親友家醉酒而卧是時親友官事當行以无
價寶珠繫其衣裏與之而去其人醉卧都不
覺知起已遊行到於他國為衣食故勤力求
索甚大艱難若少有所得便以為足於後親
友會遇見之而作是言咄哉丈夫何為衣食
乃至如是我昔欲令汝得安樂五欲自恣於
某年日月以无價寶珠繫汝衣裏今故現在
而汝不知勤苦憂惱以求自活甚為癡也汝
今可以此寶貿易所須常可如意无所乏短
佛亦如是為菩薩時教化我等令發一切智
心而尋廢忘不知不覺既得阿羅漢道自謂
滅度資生艱難得少為足一切智願猶在不
失今者世尊覺悟我等作如是言諸比丘汝

滅度資生艱難得少為足一切智願猶在不
失今者世尊覺悟我等作如是言諸比丘汝
等所得非究竟滅我久令汝等種佛善根以
方便故示涅槃相而汝謂為實得滅度世尊
我今乃知實是菩薩得受阿耨多羅三藐三
菩提記以是因緣甚大歡喜得未曾有尒時
阿若憍陳如等欲重宣此義而說偈言
我等聞无上　安隱授記聲　歡喜未曾有　礼无量智佛
今於世尊前　自悔諸過咎　於无量佛寶　得少涅槃分
如无智愚人　便自以為足　譬如貧窮人　往至親友家
其家甚大富　具設諸餚饍　以无價寶珠　繫著內衣裏
嘿與而捨去　時臥不覺知　是人既已起　遊行詣他國
求衣食自濟　資生甚艱難　得少便為足　更不願好者
不覺內衣裏　有无價寶珠　與珠之親友　後見此貧人

常慼見教化　令種无上願　我等无智故　不覺亦不知
得少涅槃分　自足不求餘　今佛覺悟我　言非實滅度
得佛无上慧　尒乃為真滅　我今從佛聞　受記莊嚴事
及轉次受決　身心遍歡喜

妙法蓮華經授學无學人記品第九

尒時阿難羅睺羅而作是念我等每自思
惟設得受記不亦快乎即從座起到於佛前
頭面礼足俱白佛言世尊我等於此亦應有
分唯有如來我等所歸又我等為一切世間天
人阿脩羅所見知識阿難常為侍者護持法
藏羅睺羅是佛之子若佛見授阿耨多羅三
藐三菩提記者我願既滿衆望亦足尒時學
无學聲聞弟子二千人皆從座起偏袒右肩
到於佛前一心合掌瞻仰世尊如阿難羅

BD00645　妙法蓮華經卷四

无學聲聞弟子二千人皆從座起偏袒右肩
到於佛前一心合掌瞻仰世尊如阿難羅睺
羅所願住立一面尒時佛告阿難汝於來世
當得作佛号山海慧自在通王如來應供正
遍知明行足善逝世間解无上士調御丈夫天
人師佛世尊當供養六十二億諸佛護持法
藏然後得阿耨多羅三藐三菩提教化二
十千万億恒河沙諸菩薩等令成阿耨多羅
三藐三菩提國名常立勝幡其土清淨瑠璃
為地劫名妙音遍滿其佛壽命无量千万億
阿僧祇劫若人於千万億无量阿僧祇劫中
筭數校計不能得知正法住世倍於壽命像
法住世復倍正法阿難是山海慧自在通王
佛為十方

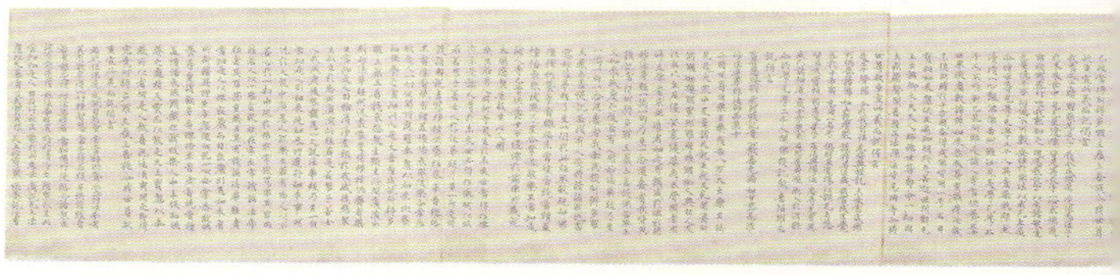

義而說偈言

我今僧中說　阿難持法者　當供養諸佛　然後成正覺

号曰山海慧　自在通王佛　其國土清淨　名常立勝幡

教化諸菩薩　其數如恒沙　佛有大威德　名聞滿十方

壽命有无量　以愍衆生故　正法倍壽命　像法復倍是

如恒河沙等　无數諸衆生　於此佛法中　種佛道因緣

尒時會中新發意菩薩八千人咸作是念我等尚不聞諸大菩薩得如是記有何因緣而諸聲聞得如是決尒時世尊知諸菩薩心之所念而告之曰諸善男子我與阿難等於空王佛所同時發阿耨多羅三藐三菩提心阿難常樂多聞我常勤精進是故我已得成阿耨多羅三藐三菩提而阿難護持我法亦護將来諸佛法藏教化成就諸菩薩衆其本願

BD00645　妙法蓮華經卷四

持来諸佛法藏教化成就諸菩薩衆其本願
如是故獲斯記阿難面於佛前自聞受記及國
土莊嚴所願具足心大歡喜得未曾有即時
憶念過去无量千万億諸佛法藏通達无
礙如今所聞亦識本願尒時阿難而說偈言
世尊甚希有　令我念過去　无量諸佛法　如今日所聞
我今无復疑　安住於佛道　方便為侍者　護持諸佛法
尒時佛告羅睺羅汝於来世當得作佛号蹈
七寶華如来應供正遍知明行足善逝世間
解无上士調御丈夫天人師佛世尊當供養
十世界微塵等數諸佛如来常為諸佛而作
長子猶如今也是蹈七寶華佛國土莊嚴壽
命劫數所化弟子正法像法亦如山海慧自

欲重宣此義而說偈言
我為太子時　羅睺為長子　我今成佛道　受法為法子
於未來世中　見无量億佛　皆為其長子　一心求佛道
羅睺羅密行　唯我能知之　現為我長子　以示諸衆生
无量億千万　功德不可數　安住於佛法　以求无上道
尒時世尊見學无學二千人　其意柔軟　寂然
清淨一心觀佛　佛告阿難　汝見是學无學二
千人不　唯然已見　阿難　是諸人等當供養五十
世界微塵數諸佛如來　恭敬尊重　護持法藏
末後同時於十方國各得成佛　皆同一号　名曰
寶相如來　應供　正遍知　明行足　善逝　世間解　无
上士　調御丈夫　天人師　佛　世尊　壽命一劫　國
土莊嚴　聲聞　菩薩　正法　像法　皆悉同等　尒時
世尊欲重宣此義而說偈言

土莊嚴聲聞菩薩正法像法皆悉同等尒時
世尊欲重宣此義而說偈言
是二千聲聞　今於我前住　悉皆與授記　未來當成佛
所供養諸佛　如上說塵數　護持其法藏　後當成正覺
各於十方國　悉同一名号　俱時坐道場　以證无上慧
皆名為寶相　國土及弟子　正法與像法　悉等无有異
咸以諸神通　度十方衆生　名聞普周遍　漸入於涅槃
尒時學无學二千人聞佛授記歡喜踊躍而
說偈言
世尊慧燈明　我聞授記音　心歡喜充滿　如甘露見灌

妙法蓮華經法師品第十

尒時世尊因藥王菩薩告八万大士藥王汝
見是大衆中无量諸天龍王夜叉乾闥婆阿

辟支佛者求佛道者如是等類咸於佛前聞
妙法華經一偈一句乃至一念隨喜者我皆與
授記當得阿耨多羅三藐三菩提佛告藥王
又如來滅度之後若有人聞妙法華經乃至
一偈一句一念隨喜者我亦與授阿耨多羅
三藐三菩提記若復有人受持讀誦解說書
寫妙法華經乃至一偈於此經卷敬視如佛
種種供養華香瓔珞末香塗香燒香繒蓋
幢幡衣服伎樂乃至合掌恭敬藥王當知是
諸人等已曾供養十万億佛於諸佛所成就
大願愍衆生故生此人間
藥王若有人問何等衆生於未來世當得作佛
應示是諸人等於未來世必得作佛何以故
若善男子善女人於法華經乃至一句受持

應示是諸人等於未來世必得作佛何以故
若善男子善女人於法華經乃至一句受持
讀誦解説書寫種種供養經卷華香瓔珞
末香塗香燒香繒蓋幢幡衣服伎樂合掌恭
敬是人一切世間所應瞻奉應以如來供養
而供養之當知此人是大菩薩成就阿耨多
羅三藐三菩提哀愍衆生願生此間廣演分
別妙法華經何況盡能受持種種供養者藥
王當知是人自捨清淨業報於我滅後愍衆
生故生於惡世廣演此經若是善男子善女
人我滅度後能竊爲一人説法華經乃至一句
當知是人則如來使如來所遣行如來事何
況於大衆中廣爲人説藥王若有惡人以不
善心於一劫中現於佛前常毀罵佛其罪尚

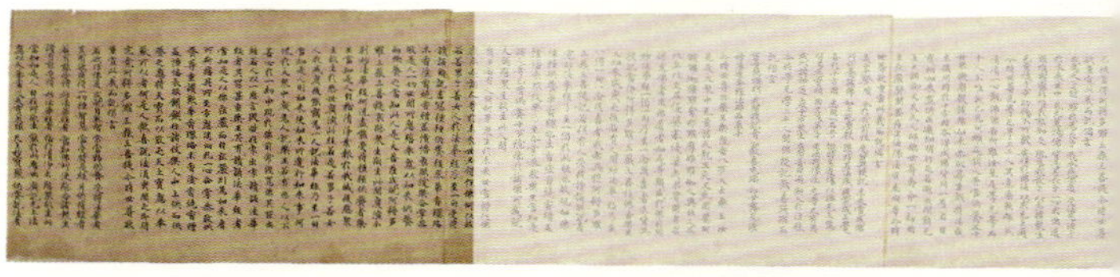

當知是人以佛莊嚴而自莊嚴則為如来肩
所荷擔其所至方應隨向礼一心合掌恭敬供
養尊重讚歎華香瓔珞末香塗香燒香繒
蓋幢幡衣服餚饌作諸伎樂人中上供而供
養之應持天寶而以散之天上寶聚應以奉
獻所以者何是人歡喜說法須臾聞之即得
究竟阿耨多羅三藐三菩提尒時世尊欲
重宣此義而說偈言

若欲住佛道　成就自然智　常當勤供養　受持法華者
其有欲疾得　一切種智慧　當受持是經　并供持經者
若有能受持　妙法華經者　當知佛所使　愍念諸衆生
諸有能受持　妙法華經者　捨於清淨土　愍衆故生此
當知如是人　自在所欲生　能於此惡世　廣說无上法
應以天華香　及天寶衣服　天上妙寶聚　供養說法者

BD00646 救護身命經（异本一）

202cm × 26cm

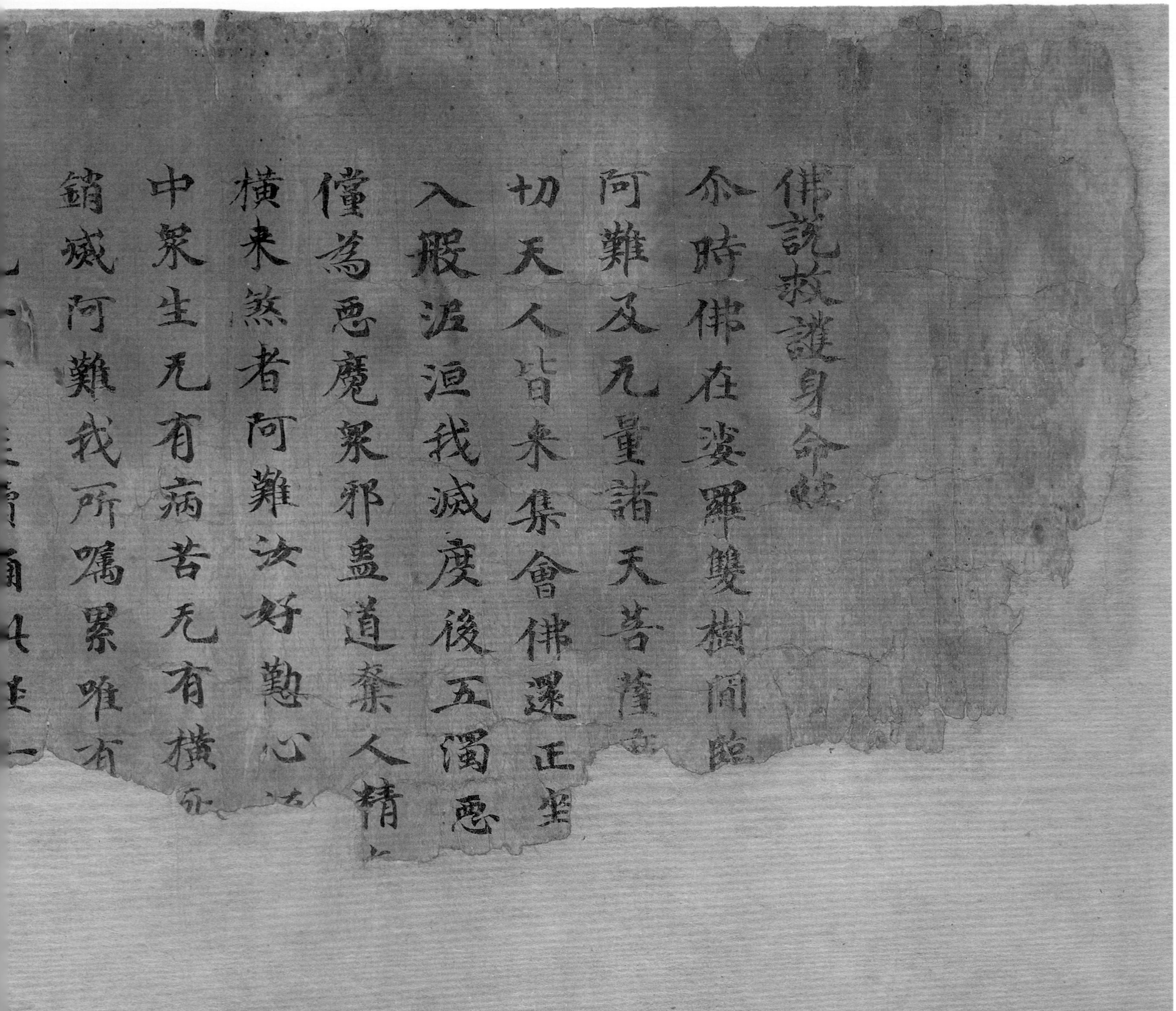

佛說救護身命經

尒時佛在婆羅雙樹間臨

阿難及无量諸天菩薩[illegible]

切天人皆来集會佛還正坐

入般泥洹我滅度後五濁惡

僮爲惡魔衆邪蠱道棄人精[illegible]

横来煞者阿難汝好懃心[illegible]

中衆生无有病苦无有横[illegible]

銷滅阿難我所囑累唯有

[illegible]

若在曠野中若在急難中
大水中常當讀是經能悉
有大威神力故常當讀之
著懷中至心受持是經者
在諸佛神力若欲遠行常
一心為人演說有能須申
難佛不虛言此經佛所秘要
妙藥能愈毒病能辟毒氣
行諸惡毒蟲衆邪蠱道欲
惡毒藥氣四向散去不敢
是有疾病者當淨洗浴一
佛告阿難若有惡魔衆邪蠱道不隨
我當使此魔書衆邪蠱道如押油殃

BD00646　救護身命經（异本一）

我當使此魔書衆邪蠱道如押油殃[illegible]
滅无有遺餘佛即舉七佛名字第一維衛佛
第二式佛　第三隨葉佛　第四拘樓秦佛
第五拘那含牟尼佛　第六迦葉佛　第七釋迦文佛
若有苦厄病痛者便當讀誦此七佛名字諸
邪蠱道悉得消滅无能復返佛説此經已復
告阿難言我今憐愍衆生故便當更説六神
名字
一名波奈羅　二名迦奈羅　三名禪吒迦
四名勤迦吒　五名摩頭　六名摩祁
此是六神名字阿難若有衆生无男无女无
貴无賤有苦厄者皆當稱説六神名字所患
銷除衆疫惡氣皆不得返一切滅盡无有遺

等常當晝夜擁護令得安隱文殊師利菩薩
白佛言世尊我當於佛滅度後將廿五菩薩
於惡世中間有讀此經處我等晝夜在其左
右擁護是人衆邪魍魎不得來近常使是人
卧安覺安脩行善法佛語文殊師利善哉善
哉汝能擁護我百千万劫所可脩集阿耨多
羅三藐三菩提者
尒時四天神王偏袒右肩右膝著地一心合
掌白佛言世尊我當於如來滅後各將眷屬
安行國界若有人能讀誦書寫受持是經者
我等眷屬常來隨逐是人晝夜擁護令不見
惡是人欲行曠野中我常隨逐導從勤心擁

惡是人欲行曠野中我常隨逐導從勤心擁
護是人不令惡鬼妄来侵近常得充足不令
飢渴所欲求者我等神王悉令供給如其所
願无所乏少何以故是人能令流布此經脩
行善法供養三寶令不斷絶
尒時乾闥婆王阿脩羅迦樓羅摩睺羅伽人
非人等各各胡跪於如来前一心合掌白佛
言世尊我等天人常當飛行於惡世中間有
讀誦書寫受持是經者我等天人與其眷屬
俱共到是人所住之處聽受此經法常當守
護晝夜不離在其四面擁護是人衆魔惡鬼
不得侵近不得奪其精氣不得横来絶命不
得横来燒害不得求其長短不得觸嬈令毒

人若遇大火我等[illegible]
不令火燒若遇大水急駛漂去我等眷屬即
於空中來接是人令不見溺水即還停得度
水難若遇大賊我於四面救護是人能使賊
心刀杖不舉即發慈心復道而去若遇官法
繫縛枷鏁晝夜苦者我等眷屬於虛空中能
令其官心生歡喜悲令放赦皆得解脫我等
眷屬一心救護不令他人而得擾亂於无量
无邊劫中常念是經何以故此經世尊慇懃
所屬之法令久流布佛復讚諸天人言善哉
善哉汝等眷屬曾於阿僧祇劫中值遇百千
万億劫諸佛令乃擁護我百千万億劫中弟
子能令流布此法讀誦書寫方便救護不令
尒時會中有善心今時尒閻羅王各與眷屬頂

子能令流布此法讀誦書寫方便救護不令
見惡常行善心尒時乹闥婆王各與眷屬頂
礼佛足一心奉行
佛告阿難吾以右手摩汝頂上汝好用心吾
所屬累唯有此經阿難汝勤心流布此法令
一切衆生悉得聞知阿難汝宜是吾心中弟
子我所出法悉付屬汝吾令憐愍一切衆生
欲令解脱故還正坐付屬此法阿難此經尊
猛極有威神勸令一切族姓男女香花雜綵
礼拜供養然燈續明復能轉讀誦習救人疾
病苦厄之者衆邪突恠悉令微滅在所安吉
将來往无量壽國即生蓮花軀體金色身相
具足智慧勇猛如上華者功德如是不可稱
[illegible]子我子[illegible]子[illegible]至心書寫我所

出法上下[illegible]
晝阿難我憐愍衆生故唯囑此法令皆一切
有形之類悉得聞知心開意解常行善心
尒時阿難在世尊前一心合掌身毛悉竪戰
戰兢兢一心諦聽佛語不敢妄失一句一偈
流淚而言世尊所囑至心受持廣令流布阿
難復言受天尊教頂礼佛足一心奉行
脩福受樂報　所欲皆自然　超踰生死流　上昇之涅槃
若人好為福　天神自然護　所願皆自成　衆魔不能壞
薄福多諸惱　福能銷諸惡　福德既牢强　速成堅固定
生天受快樂　所往皆自當　斯由福德故　人中得自在
曰此福方便　永離生死苦　得道至涅槃　不沒不復生

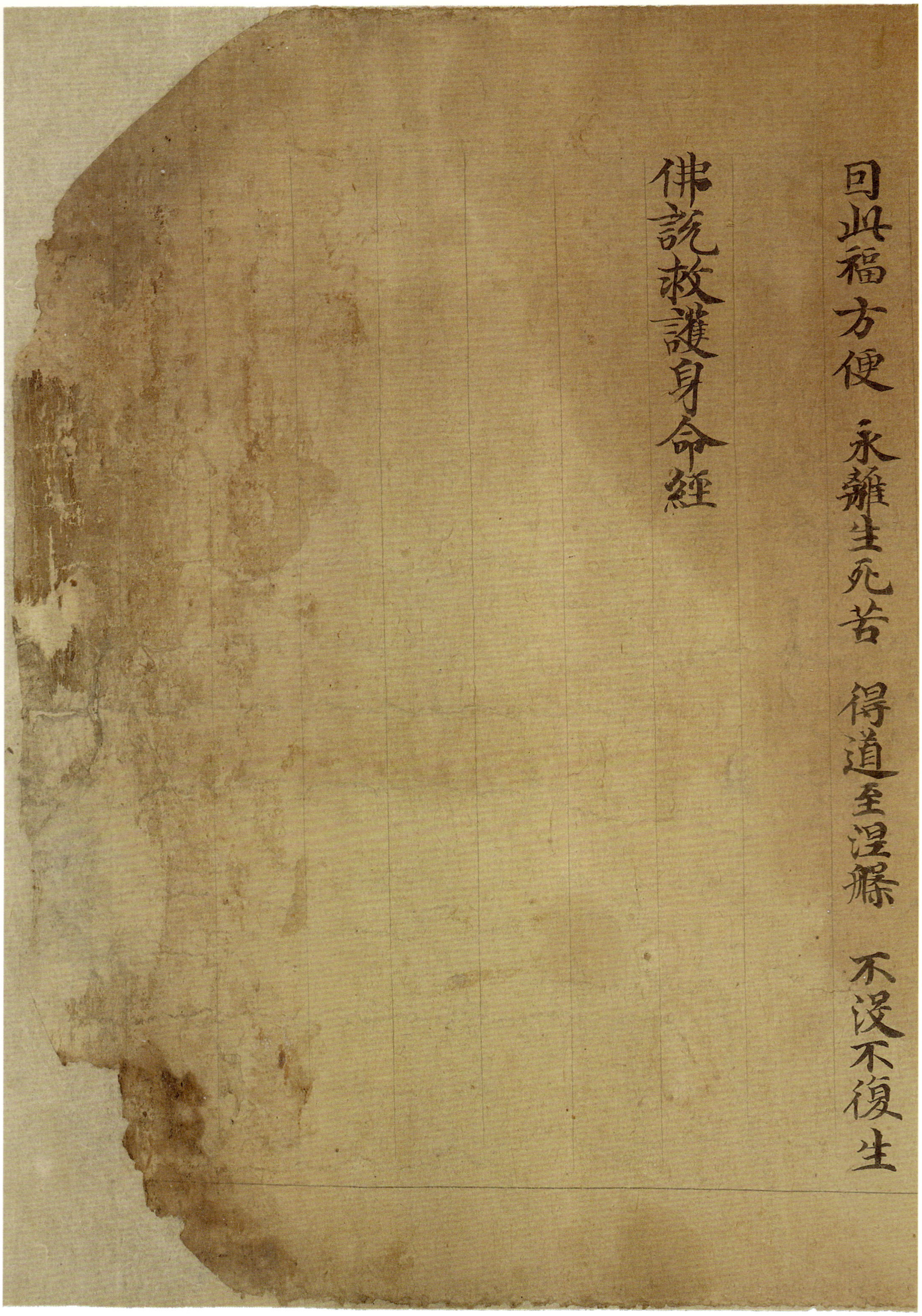

回此福方便　永離生死苦　得道至涅槃　不沒不復生

佛說救護身命經

BD00647 四分律戒本疏釋（擬）

971cm × 28.3cm

鉢來受者犯不　答曰不犯所以知之鉢正有一人皆聞知若送二來
即是虛心擬受則不犯　又一解時若破三鉢一至雖送多鉢若盡
受即犯洛乞鉢戒中更有異人送來亦尒故不立此戒鉢无多用
故尒但使受一竟　又曰人更送來皆洛乞鉢戒中衣一人送來
隨失衣受足更有人送若受亦犯過知是戒何以故為失故送也
非是冒覔故擬又復衣多畜多受故制勸增貫戒
問曰勸讀增貫中何故乃至一縷亦犯乞衣中廣至一領一條方犯
答曰乞本檀主先无以齊之心及至乞時隨情籌量擬与𢘾義是
少故制一領一條方犯增貫檀主虛心自擬入齋以之理无因制量

一人憎賈作為犯後戒犯前戒　答故犯後戒何以故雖一人无增
猶有方便之罪故過三返六默坐戒　所以制此戒者由四種人遣
使送寶与比丘即犯畜寶不敢領受臣欲詣使寶還恐後衣鉢
臨時須難得即持使付居士掌之使貿衣鉢清淨受之但未得
衣間王臣問使我送賈与比丘竟受畜不使即棄言比丘不得
受畜付俗人掌之大臣聞之即遣人許索若不受用寄宣何為
比丘聞索恐失此物遍切居士使損惱不少致外人譏故制戒
不聽後居士辨淨衣物比丘不敢取回之更開制三返六默坐
又復過三返詣六默索衣故制此戒回重開餘律中弁此无

又復遇三返語六點染衣故制此戒曰重開餘律中亦此文
文准義應有制戒更開文略故直制三語六點也
問曰此結罪為從王臣邊結罪居士邊結也　答不得偏就
一邊結罪但由王臣心動故動遍切居士恐失摠其二加為竟
結罪也　所問若王臣後施比丘云何不犯畜寶也　解有三
跡中明一解言時比丘正欲受衣鉢衣都不欲作取寶得寶
畢不敢故不犯畜寶也
黑白毛戒　問曰黑白毛坐具皆同是犯何故前戒不制
作法後戒方制作解云若前戒制作人情謂後不犯今後者
制法前戒通說是犯文立後戒也　問曰黑白具同云云

何故制作中黑者二分白者一分　答曰以龍白制作鄣白還

故黑者多若尒純黑作者亦白多如是又一解時黑多白少

有義欲明白者信人業邪黑者同出家法服以是義故制

白甚多故黑多白少尒　問曰綿等黑白卧具皆是貴物

等同制作何故綿絣斬壞黑白令揩　答雖同制作但綿生患

有二一害生命而得二貴物下用有此二過譏患處故制斬壞

問曰此黑白毛卧具何故立二戒後不褋坐具不立二戒

答曰黑白二俱是犯若直制黑謂白得作是故二俱制不褋坐

有故制褋无則不揲不犯故不立二戒也減六年卧具戒

問曰病得僧作法聽減六年作卧具若作純黑白為懷減六年

問曰：病得僧作法聽減六年作臥具，若作純黑白，為懷減六年
法不？答：亦得。僧處分法作過量房，亦懷處分法不？　答曰：不懷。
何故爾？解時有異。僧處分作房過量不懷處分法者，以房无捨
法，直捨心懺悔，故不懷。其法此減六年得法作純白臥具者耶？
體須捨，以捨其所作之體。作法本為臥具，今體既无，云何得有法
在？有如此義，一在一不在。又復臥具有受持法，若不如法，不任
受持，故懷減六年法。房无受持法，故不處分法，得成則无過，量
自有罪也。　問曰：六年臥具何以制其年限，不制其褋？下坐具制
褋不道年限也？答：如來制戒，皆為利益。不損臥具，若六年，雖在

問曰作過量不截坐具為得一罪為得二罪　答曰得二罪不截
尼薩耆過量波逸提何以故二事有不相假得犯故得二罪若
捨時先截去長然後懺悔若尒不截者截便懺何煩捨
答曰未截以有過在前今雖截有本過體在故須捨也不同過
量既截去其長无有體在故直懺不須捨若未截捨竟即
得受用不須更截何以故既捨與僧僧還我義同他得故不須截
問曰若持故物作過量坐復不截有二罪不　答言有過量罪
无不截過何以然新者制截壞好故者不須過量不得受持故
得罪　問曰坐具過量別戒截去受持餘何故不有過量別

得罪　問曰坐具過量割截去受持許何故不有過量割
制戒教如量答不得坐可截去得如法用鉢若過量无截去
應量之用截即不似鉢故无此戒也　又解坐具亦減量中制
有過作截去得受許本滿量中制无過義何以知坐具減中制
以加留施處開緣得知　問曰坐具過量有不襟罪如前解
有若尒許過亦有長許罪不无何以然坐具截去其長得作坐
具受持若截去下中許用故无長過也
高寶戒何者是寶所言高寶依此律言寶高得居薩耆正道
金銀若錢未量此錢為金銀錢銅錢後下捉寶戒中言者〻寶金
銀瑠璃乃車璖瑪瑙皆言寶也下貿寶戒中言金銀錢〻乃至

七
瑠等皆名為寶畜得突吉羅若依僧祇分錢有四種一上有
文像国土用畜得尼薩耆上无文像国土雖用畜得越比尼上
有文像国土不用亦輕上无文像国土不用无罪此之四種亦不別
金銀之与銅乃至八種依四分匹道錢者上有文像也亦不別真
為今法師欲取僧祇成文和諧餘部十誦云突吉羅非是有文
像国土用者餘三種錢但使上有文像国土用莫問八種錢乃至
胡膠皆是寶畜得尼薩耆餘為寶瑠璃璧玉銅錢畜吉羅律
文既畜寶〻是不淨物跡家虜僻八不淨列其名數言依優婆
塞經文少有嘱當今依此四分中上下文亦有列其八種但不次第
依揵度中妄比丘畜物有文下雜揵度憂陀匹施加稀象馬車輦
波不受可具足有文然既此八中師斷簡有四種畜得罪有輕重

波不受可具足有文然既此八中師斷簡有四種畜得罪有輕重
有聽畜不聽畜者皆有其旨也一田澤二根栽此二皆是私畜
林舍一向不得畜不輪所住房舍仏本聽作常有次第用義不得
為不淨也　第三儲聚稻穀中及臨等此大儉時聽卅六斛聽付
淨人畜亦不自畜也臨病受得作畫形業　第四中第五畫不
聽畜正有畢陵伽婆蹉先病身是阿羅漢无有着心守僧伽
藍又人聽受餘人不得也第六中金銀錢受得罪以買貴故施
主捨心是重為欲利益施主有小可大用得衣許故聽俗人邊作
淨施畜既有此開故物貴生貪處大故制得罪重金銀得淨施
俗人畜自餘為寶亦得俗人邊淨施畜第七中金銀象牙林不

供身者悉亦不聽雖有聽者及不聽者畜得罪有輕重金銀
錦綉氊量氍毹此畜得尼薩耆自畜莫問聽皆突吉羅罪次明
八中得作淨施不得如上解得畜除錦綉氍毹小點供身者得比
丘過淨施亦如比丘尼得畜類可知輕重如尼戒明也自餘開得畜
者付俗人淨施　問曰糜亦得付俗人畜之何以尼得輕罪答雖世
六石以供身得更有餘多不得畜是故尼得輕罪亦可此儉時
乃開非儉不得畜故輕也自餘物聽畜何以然皆可有資身長
道義食本制乞有二種利一得无事脩道二得福利施主是故不聽
儲畜故結言作食可盡乞食无盡佛為諸比丘制无盡法以一向不
聽畜故尼得輕罪上既聽畜得作淨施法意有敗賣故次明第
相貿得罪輕重也以此八不淨物貿得十種衣皆得尼薩耆若以

相貿得罷輕重也以此八不淨物貿得十種衣皆得尼薩耆若以
十種衣物貿得八不淨物有得尼薩耆不得者若貿得金銀錢
錦縟氍毹得尼薩耆貿得餘種正實吉羅罷自相貿易金銀
錢錦縟氍毹等相貿得尼薩耆自餘種相貿正實吉羅罷
下文言以時易時尼薩耆云何今糴粟相貿正實吉羅解以時易
時者是食即可供身食義故制重罷常聽乞食既得食意有
貿易義故制糴粟一向不聽畜故輕何故知僧祇云糴得粟越
比尼貿得物時尼薩耆故知上解除金銀錢自餘重物相貿
實吉羅云何僧祇重物貿重物尼薩耆也 答僧祇云重物
者正是金銀是不淨物相貿故言相貿得尼薩耆自餘亦故

[illegible]
者時非時七日盡形輕重得淨不淨物此八相貿皆言得尼薩耆何以知
且畜得罪輕重販賣同等皆所識過情為過結罪莫問其輕
重也以得罪故皆須捨以懺悔乃至田地將僧坐中捨以懺相承解
如前釋既不聽畜亦无販賣義設有義各罪亦輕　問曰檐羊
毛過三由旬得一罪論三由旬遣人檐若中間自助弗是過檐何故
得突吉羅答遣人檐弗彼人為主主故助持得突吉羅罪也
問曰檐羊毛過三由旬後雖復更開過三由旬本毛亦无重持共沙弥
同宿亦過三得罪有一宿本人遂得共宿羊毛所以不得解時羊毛是
離巳物故欲息依貪患是故雖開不得重持沙弥非是離巳故但
開一宿得遂共本人宿若尒何故第四宿隨轉側得罪羊毛更過
三宿得一罪正以非任運故得罪少沙弥同宿任運得犯故得罪便

三始得一罪正以非任運故得罪少沙弥同宿任運得犯故得罪使
多也　問曰使居浣染羊毛何故染新故俱犯前浣染衣衣㦯
云何故者重新者輕罪　答曰有義前衣浣故得罪者譏過以
以制是以故者意浣染生過故得重罪新者不逆體无過浣則
義希故得輕也此羊毛由防業中制㦯新故俱犯何以知防業
以制十誦中仏語居士何故如染師居白仏我本所求異今仏故即制
㦯不聽也故知防業制也
販賣㦯　所以制不販賣者爲生巧爲敗人信行生外譏醜是故
制何以知爲生巧爲也餘経云寧終身作屠児不作販賣人何以然
作俱器杖者欲使天下兵甲數起俱糴粟者欲使天下大儉俱鹽

畜鉢戒　解所以鉢中明今釋略其略異可　問曰鉢何以不得
加絺那鉢衣利者丘以衣鉢善惡不相益損故不得加絺那衣
利何故不立加絺那鉢答不得何以不得衣有三領為衣重離宿
因緣故開要加絺那衣鉢丘一有一云何得要加絺那鉢離宿何
以无加提月聽使畜長　答不得衣有自身營作義開一月
使作鉢无自營作義故不開也若丘有一鉢營作未成不犯長
故无開之
自乞縷使非親里織戒　問曰何以丘有使非親里織師俗女識
得罪云何无使非親里尼織也　答尼同是出家之人一向无聽織義
織則有罪大僧亦是識法之人云何使人得罪故无也若尒何故得使
浣染打衣及羊毛而得罪丘以尼自得有浣染无使尼之義有此異

浣染打衣及羊毛而得罪正以居自得有浣染无使居之義有此異
故不得使　又問既有使居浣染得罪而无使居士婦浣染得罪
正有使織師得罪而言使居織无罪何故不同　解云若使居士
婦浣染无上譏過若使浣染羊毛亦无損費循道之功故无罪何
故无損功廢明俗人作衣三寶殖福設使浣染无其損義故无
罪也若尒使織師織何故得罪解時此織師正以此為家業若
使損費其業是故得罪若尒居士亦以浣染為業者亦應得
罪解時此浣染之義易為人消知作設有業者使得罪亦輕
是故不制織師夲其功是難作業處貴故使得罪功用不同故
不得使也　依此律從親乞得縷使非親織亦得尼薩耆若非親
里邊乞得縷使非親里織得一尼薩耆一突吉羅就中有八句云何

許衣織師[illegible]

織由与買檳縷故犯　問曰前勸前戒自得縷使織由不与買

故犯此戒居士出縷織由与買檳縷故犯　問曰前勸居士增貫

增縷有勸二居士立二戒此中云何不立二戒也　答曰不得有何

以此若勸二織師檳縷是一故不得別立戒若勸二居士織師濃

是一亦不得別立戒若對居士織師二人面勸讚若自与買猶

屬此戒若居士与買居士前勸居士戒若對二人面勸居士比丘

俱不与買亦屬此戒以勸檳縷故若比丘与買屬此戒若二居士

二織師各欲作衣勸令作此事是帝故屬此戒以是義故不得

立二戒親非親皆犯前戒非親犯是親不犯也

奪衣戒　依僧祇有四句一句師使定与弟子使定非二師使定

与弟子不定非此奪皆得重罪三師不定与弟子使定非奪

与弟子不定所此尊皆得重罪三師不定与弟子決定所尊
此衣得及薩者四師不定与弟子不定所此則无罪若瞋心奪亦
得罪也此尊大比丘得及薩者波逸提尊沙弥得突吉羅若尒
下九十中何故隨順共宿大比丘沙弥俱得波逸提　答曰此中与衣
本明共行沙弥非已同位是故尊之則輕下卆中莫問大比丘沙弥
同違僧作法過隨順得罪无異是故同犯也　十誦尊有二種
一現尊二不現尊現現尊〻所藏方得罪何以故不藏未以判不現
尊者隨舉離地犯此十誦也今撿〻吕如解現尊衣得重犯即尊時
得及薩者後復藏時復得罪故言重犯即問此藏尊是異竟
云何為重犯　答此藏正是尊家藏何以知尊非藏〻要由尊方
得故九藏得為重犯也若依十誦无重犯義如向前釋也

為義令奪衣者瞋心為言是故隨瞋心更藏復得罪不論損差
觧奪滅擯應滅人沙弥俱同得輕罪雖我打犯重人亦應同沙
弥得輕罪　答不同与衣本欲共行今此滅擯應擯人沙弥皆
不得為共同宿得罪故奪衣同輕罪打本俱无得打但取損惱
前人義是大比丘与已同住故損惱事深故得波逸提沙弥是
下衆故打損義微故輕比丘雖犯重猶是大比丘故打重不同
与衣心願共行今不得共行宿處宥故奪俱輕也
畜藥過七日戒　所以制者由衆生有待之形須内外資養方得進
道故大聖為病開聽隨時服藥各有日限然諸比丘非時儲畜寶
流盈溢傍道長過故制此戒不聽過畜也　因明七日故師廣釋四種之
藥四者是何七日盡形時非時　此是四也何以知有四種藥如言四也以文驗

藥四者是何七日盡形時非時此是四也何以知有四種藥如言四也以文驗
可知下藥種度中乏言以四種相和似言從其重者作藥服有復上文
販賣以時易時七日盡形更互相貿故知有四也既有四故即作四
番粉簡第一列名及四體第二明受法有近遠三明過當得罪有
輕重四明過時服得罪有多少第一列名如前釋諸其四也皆得
名明時已以就其受法相形得有四名也今何相形從旦至中盡得
服皆得為時從中後至明來亦得服者形前不得者自為非如此
伴時已有此二更无別名今就非時入中有加其口受法得七日服者得盡
服形者故言從其受法互其四名何者是體言時藥體一切時中得食
者皆是其藥何以知飢則致病得則身強故得為藥今欲別取
別為藥者黃精黑豆致乳酪酒餳藥等皆得作藥服過中則

七日藥體者蘇油石蜜等盡形壽者姜椒畢鉢文言一切醎一切
苦一切菓不任為食者是盡形壽藥體此後二藥從法作若
不作口法時置淨廚裹一切時得手受而服此是四體也
問曰此下三種非時七日根本體果以与安等皆是時食云何并
得為非時七日耶若尒我時食漿亦應得非時飲解有二種一解七日
藥蘇油脂資身處微非時漿亦堪資力處微而能除病是故服
者也開聽服時食漿等此資身處強復不能除病是故不得
耶又一解時七日藥非時漿等皆自有義汁濟出澄清可為療患
故開聽服時食漿非體自出義汁更以餘水僭漬連體作漿故不
可非時服合時食故尒有此不同義一得一不得耳　問曰等就非時
雖此三名亦可八種漿以非時為名餘二從法為稱耳解此漿設

離出三名云何八種擾違以非時為名餘二從法為稱所以解此擾設
加口法正得一宿至明旦時中界有過生事而時家非時更无勝功功
違以非時為名下之二種加法得正多時從法緣強故從法受名所以
問曰時食過中不得食至明日時中違得食此非時擾至明旦名非
時不得飲違至過中非時中得服飲以不　答不得何以然謂此時
非擾體自十二時中皆得飲但時時須手受而服令為病故不可
時時得人受故開聽加受法一日一夜不失受法而此以時令至明相
出失此受法名時既是非時多有過生亦不任服故不同時食也
問曰時為時不以受法為時食體无過至時中違得食非時所以
不得如上解　問曰問此藥為體合故得為四名體不合由加法故
得為四也以體合由加法得有四種云何言體合復言由法得有四

時澤失法[illegible]

合盡形畜耶得加法以為盡形藥所七日藥穌油蜜等體合

七日畜耶故得加法作七日藥八種漿等體合一宿故得加法一宿耶時食

時藥體正合從旦至中來得食故不可加法以過多時也非時亦爾

若過多時體變成酒不任藥耶故言體合非時一宿也七日盡形

亦然　第二解其四種受有長短不同　問曰何者是受而言受

有長短受有二種一手口受二口受時藥食等正有手受无口受法

所以然解有二種一時食資身處殊日〻須濟供身得以脩道望中乞

食耶是資成一曰脩道但作手受得食盡不聽齊遣留口受是鄣要

手受得竟還對大比丘方得作法比丘獨處山澤亦何常得伴隨

是故檢其難法手受便得一解時藥食等時中是近清旦受得

從旦中來得食過則不得食故正有手受无口受法養命非時漿

是故極其難由手受[illegible]一餘時藥食[illegible]時中是過[illegible]受[illegible]
至日中來得食過則不得食故正有手受无口受法若尒非時㯳
十二時中隨時失受此時食云何得至中邪　答曰不同非時者為
病開服故隨一時失受此時食一切常須若比丘入聚落乞得食
來出須以趣時失受者更覓人須受若不得人則失一日脩道之
益是故得使一受至中也餘三種藥病開故要須口受
問曰既為病何以要須口受者　答曰解有二種一解所以須口受
者為欲去其情惱云何去為聖者既開无病之人亦假病服藥今
使對人方得作口受法前人即知有病无〻之人不敢吐稱對人受故
須口受一解時為病服藥病非卒除須逕多時療除但恐有不等
適藥勢強弱故受法口有其三種非時㯳此藥體勢入正得一
日一夜故雖加口法正得一日過則體壞生患七日藥者既醫治病

藥療患勢微望一形常那可資益故以盡形為口法也口受不
同義釋如斯即問此三種不口受直手受得發時不失也解有二
種一解此藥手受正得十二時中一時那越一時失何以然此藥有美
味者人多貪利為病開那得加口法匝其多時今无病若飲隨時
即失為欲息貪故可　又一解時若是中前莫問病不病一受皆
得至中來不失何以然此中前時出家在家一切食常亦聽得食无其
識過也此時飽滿得一日寧心脩道皆有此一時開也故至中來不失
一受不失即此戒文時受時煑時藏時那聽非時受非時煑那則
如法治此言者由非時煑麁須逕時失受故言如法治時中不失故
聽　問曰上來既明此二種受口受手受知此殊何者強弱若語長
恒匝時口受是殊然口受之來要須手受為本如此時亦可手受殊

栢匠時口受是殘然口受之末要須手受為本如此時亦可手受殘
二此相微未量強弱隨意有息然此二種受中手受莫問淨不淨
手受皆成口受要藥體清淨得成口受何以然口受是作法對人
為欲療患手受不得匠時故加口法使得匠時防失手受得如法服
今若藥體有過服則生累云何雅者使人得罪法加非藥何以得
知十誦受皮離問下三種藥體有殘宿惡捉等得口受不答
不得故知唯清淨者得即問手受何以然盡得不問淨不淨亦十
誦文非時食若受无不受罪以此類知惡捉等皆成受既是非
法食何以成受手受本正為欲速同大人之行不自即食亦息具
譏過得鬼盗相便以受无異法故成若成受者僧祇生藥粟等
不成受此文云不如法食得成郭即斛時僧祇生藥粟不成者即不佳

[illegible]

受法生時可食者熟則失受此不併言　第三料簡過畜四得罪

有輕重時非時藥非時藥體現交盡即用資強畜義是弱何

以然非時據若過分時變熟生過无其畜義時食等體制準中

耶濟一向不得自甚是故此二畜義是本正實吉羅盡形七日為病

聽那然病非卒除故過分時得有畜義此二畜雖是同然盡形資

用處微是故畜心薄是故畜正實吉羅耶七日藥資用處強畜

心亦強故得波逸提尼薩耆　問曰四種皆聽為病何以故七日

藥獨聽說淨畜耶　答此藥雖不得作藥那更有得異用資義

身故聽說淨畜自餘種除作藥那更无異用故无聽說淨耶　又解

正以聽作法畜故今不作法故得尼薩耆波逸提衣食比使有疏

廣解不須重釋今旦略釋衣食不同義食正亦内資食則體盡

故食則得罪重以畜心弱亦以大體一向不聽畜義故畜罪輕衣為

BD00647　四分律戒本疏釋（擬）

故食則得罪重以當心弱亦以大醒一向不聽當義故當罪輕齋
外用體則常存存則是當當心強當罪重用則輕七日藥可以當重
亦有外用義故當心強何以知耶文中由儲當生識以判戒故智當
義種羽餘則如上釋第四料簡四種當過限那得罪有多少不等
時藥若過時復逕宿至非時中食得三波逸提內宿內煮自煮
吉提得四突吉羅一咽七罪非時過亦波逸提同前得三突吉羅
无有自煮何以有內煮无自煮自煮惡煮生今以熟物故云內煮
一咽得六罪七日藥若過七日食則有三波逸提四突吉羅一吉羅
是用尼薩耆藥突吉　一咽得七罪復不說淨尼薩耆波逸提
若以說淨者云有六罪无有罪可識文言若過那者尼薩耆
問曰言橫今言那則體畫云何言若過那者尼薩耆解時云
云為盡得罪入盡言那者次載當意云為其那是逕文言那者至

薩者大解畜義云[illegible]
名示體无過為彰畜意使別故以服名也　問曰長衣戒若畜長
衣尼薩云何此藥不言長解有義衣本有得畜三衣義過餘著
是長以對非長者非長耶今藥本无聽畜義但病時開聽作
藥所非是制得畜義[illegible]亦得畜者故不得言有長耶是故
戒本不得言長何以不言淨施亦有廣故不得何以然此藥唯口
受作七日藥者不作淨施得尼薩耆若不作口受者雖畜不說
淨文无過有如是隨故若安淨施以注時情謂莫問受不受者
皆須說淨畜是故戒本不得安淨施不同衣使三衣外者皆聽
說淨畜是長衣戒得安說也若過七日尼薩耆捨与僧解有二
種一又解時此初之一日過限畜失法得深後六日中藥不失受法
何以不失受法各自別有七日法在正初之一日藥畜過限犯長後

BD00647　四分律戒本疏釋（擬）

[illegible]
何以不失受法答自别有七日法在正初之一日藥畜過限犯長後
六日雖未過限俱同是畜是故得相染犯長然不能行便失受
法何以不得行使失受本防失受不防其長說淨防長既所防
不同故不得染使失受法是故僧中捨犯長過竟藥還淨諸
比丘應得食何以得知不失受法文言第七日藥与諸比丘食是
以證知不失受法若失受法則有過生不應与比丘使食恭
者中間五日何故不還主使作藥服　答主本有病雖者開聽
七日福饒口要共宿而服然不念無常時畜過限雖後者无過
以初日之藥畜心之患今雖捨竟還聽服以注与本畜過不殊
是故代之聽還服非藥不爭初若今長衣捨竟亦不應還
二三衣請　答不同所以然長用無過身一切時須資身以備道

富遇得尼薩耆罪口法本俱其淨藥防失手受許服今有遇
生不任藥服故失口受法何以知失口受法下文言五日中藥還
主染足燃燈不言還主使作藥服以不還主作藥服故即知相染
犯長口受法亦失以失口法故手受逕時亦失若尒第七日藥諸比
丘云何得食　解時正以第七日藥棄得時近故仏開聽開使
有勞僧食體雖有過開則无犯如促時開八事販賣以由貧
穢皆是開則无罪……是生善　開曰若作淨施受法在
不　答曰在何以得在以作法屬主前施主何故不失受我作
法防長非求捨法故不失受耶若尒初曰者不訖淨若犯長時
相染犯長不　答不犯長故亦不失受法何以不犯我以作淨
法防故不染犯長若體自满七日時失口受法手受亦更无長

法防故不除犯長若觸已滿七日時失口受法手受亦受无長

過若遣与人我口受手受法在不解有二種前人解時口受手

受法在何以得在食以法通故尒若口受竟即与餘人此人得以

畜過七日則犯長得足薩耆罪何然食味同故受法亦通故

我受彼犯耶若斗　一作已捨与餘人然彼人得已畜四日

滿七不犯長何以故食味是通畜法是別故彼此皆不犯長何

知以我口受手受法捨与前人不失受法如餘食法一人作法受

人得食故知不失受耶食法通故耶若相承一種解手受法通

口受不通以手受通我不捨時有口法在不失手受故餘人皆得

食若捨与餘人失其口法手受還時亦失失即有惡捉生不

得食耶　問曰失受時即有殘宿過不　答未有何故未有

得有箄若尒遇七日
然任運日滿法盡故有過即生若遇緣失受者要更造宿方
得有殘宿過生若尒我先以宿者豈非宿是宿有生法宿故无
過如受加絺那衣中間遇緣失受即无離衣宿罪要造宿不
會則有罪此藥亦尒若如此以後我至八日明相出時亦應不犯何
以然前七日夜亦是有法不應有殘宿過耶　荅曰不同前七
日法者不得度其明相至八日即是越其分齊故有宿過耶不
同向捨同是一日未越分齊故无過耶何以故食味雖是同口受稱
己是別是故失受手受下再浮故通耶若尒一人作餘食法若
捨与餘人亦應失受不[illegible]食荅不失受何以故不失餘食法更无
有法著但對前人宣成即前殘食而已何以知要須前食便成不
食不成故知即殘食是故雖捨与餘人更无異此殘食法故不

有法著但對前人宣我取前殘食而已何以知要須前食便成不
食不成故知正取殘食是故雖捨与餘人更无異此殘食法故不
失受何以知而病人殘食多人得食豈有法著食耶以此得知
无法著故得通耶又復此時當時食中食更不過時是故不失
過時亦失我此即捨与人時亦得食由過時故失受耶藥本
我為己身病作法著藥病已而作法病非共有法今捨与人則
非我已是故失受也若爾後人得更作受不解有二一解得口
受法不通我今波　[illegible]受法我更有口受應得耶
一解不得何以不得以送作法來更无一藥上重作口法耶若爾三
衣捨与餘人亦應不得受持解不相似衣本來別屬非通受法
以非共受法故今捨与我得更受持作己衣用食本一人受時家

羅尼薩耆藥更貿餘藥尼薩耆解有二種一人解時還貿
得他異藥故即犯何以知若非口受藥則无染過故知是口
受藥〻相承解正是〻　貿得即犯何以體合比丘
作法故何由要得他口受法便犯此義不然正是淨藥使淨人知
來若比丘過得是藥來即作口受法覺即相染犯長故言更
貿餘藥尼薩耆若不受則不成染
比丘雨浴衣戒　制戒所以緣中自明今問此雨衣以何為體也
解有三種一解以過前用為戒體何以知之以戒本文驗前用尼薩
耆過前乞突吉羅何以知過前乞突吉羅於結尼過乞突吉羅
准之比丘過前乞上應得突吉羅故言突吉羅更无異文
問曰何以過前乞得輕過前用得重罪答佛本聽非時乞但此人

[illegible]之比丘過前[illegible]

問曰何以過前乞得輕過前用得重罪答佛本聽非時乞但此人

忍至時難得防道故 [illegible]等曰有日之過慎義處少

故得輕突吉羅過前用遠處有二既得衣竟應待時所用故

遠教過前用以是二義得罪重何以知有法以下文言不捨更餘

用突吉羅若不受持不名爲衣无用罪故知有過前受即一種

師解時正以過乞爲戒本何以知曰緣中文但嘖呵言不應一切時求

而衣現有雨浴衣保形除不云受用故知以過前乞爲戒本又復

一人解以過前用過乞二事合爲戒本何以知提戒本廣相文驗

戒本若比丘過前乞過前用者尼薩耆廣相亦爾故知二事

合爲戒若爾乞時得突 [illegible]得乎突吉羅用時成尼薩耆

[illegible]

安居過前不可……

所用得罪安居本以夏為限過前是春分不名夏是故不成此

義亦可有此耶　問曰離衣宿過前用雨衣等同是受何故失

受得罪雨衣用罪〻得不失受何以知不失受若失受者正得一罪

後隨用得罪故不失受　答衣本受言不離宿正違本要故失

受罪雨衣本受時許用今過前用有前用之罪不違本要故

得罪不失受即問六物〻〻不犯既俱不失受得罪何以雨衣

罪重坐具等輕〻罪〻　答用雨衣制有日限故用得罪重坐

具六物等本〻不言離故不違要教過故罪輕

急施衣戒　問曰此戒以何為體也　答此戒相難識別亦尒

以難識故解不同今且就二人俱一人解時過後為戒體何以知戒

急施衣者

以難識故解不同今旦就二人俱一人解時過後為戒體何以知戒

本中文若比丘知是急施受過後畜者尼薩耆波逸提以此證

後知過後為戒也若以過後為戒者一切時十日何異解時有異

上開者一切非時施得十日限今此中制者正以時衣夜難逕一月者

過不犯亦過滿十日犯罪是故復制此戒去時疑情故得為異

如此解者何故不可　正前解時呵嘖過前者

前受多生過患是故呵嘖得物同常十日故不制戒過後正

匿時為異過歸同常戒時疑不識故正表亦是同罪故无呵辭

也作過後戒者若過前受一切正犯吉羅何以知上呵嘖中但言不

應一切時亦乞衣亦受衣不結尼薩耆波逸提故知正犯吉羅也

因六群二人過前受夏安居衣為戒可以得知就因緣中廣呵

嘖不聽一切時受夏衣此[illegible]
聽受已以前制戒竟得尼薩耆後有急施衣來受便得不受
便不得即文言也　尋常手安居未竟受衣乞衣故來白
佛〻言如是急施者聽受此是開過前受夏衣戒故知過前為戒
若尒云何戒本中但道知是急施衣應受過後當者尼薩耆波
逸提答為釋時疑故結過後云何為釋疑前因緣中廣呵嘖
不聽過前受夏衣罷時疑若過前受得罪我不過前者至
後時無有罪不須說淨是故須制雖前無罪過後不說淨
亦得尼薩耆是故言釋疑若過前犯者復無過後罪故不
結過前之故過前呵嘖不聽開急施得知以過前為戒本結不
聽過故知是釋疑也〻　[illegible]文言過前過後當尼薩耆

BD00647　四分律戒本疏釋（擬）

聽過故知是釋疑也……广云小受言過前過後當尼薩耆
如此以注意二家合者……　答不然今廣中為欲明指法故標
擧來非是合為戒明指何須標擧此三互得罪故須標擧兩
家過前有罪時无過後時无前罪耶故須雙又復開中間
兩家故知過前為戒耶依此解互戒本時非急施乃至七
月十五日受亦得尼薩耆若是急施七日六日受无罪　問曰過前
乞雨衣得罪所以輕過前受夏衣所以罪重耶　解時過乞雨
衣佛本聽非時乞遠積事少故輕罪過前受夏衣多生過患
長貪處處求覓夏衣後夏破前夏而去恐積檀主去則涉譏
像致衆生為外譏可　生罪耶復發亂道意
問曰開急施何以正夏未滿自恣前日來開受前何以不聽耶若

十日前即須料里防道夏中修道不得異道十日内受即入時中
夏甫衣時得使料里是故十日内開那即問此衣急施衣前十日
受入時中不犯安居離衣宿亦得十五日去不破夏不離衣宿不
答不得何以不得盡十五日夜未應在界内宿无出界法不得在
外向受衣前後俱有開心法是故不犯長求後受七日亦尒前
後俱有法故得去　問曰何以功德衣得攝加提月不攝十日那解
有兩種一解跡中釋一解　文不攝一月五月功能處等
等故相攝云何等一月[illegible]五利五月亦得五利故相攝如十日一月
衣俱是開長亦相攝受七日受一月俱用得出界法亦相攝如此
功能處不等故不得相攝耶
離衣六宿戒　問曰此離衣宿可以无加絺衣出者正以此之離
衣宿依十誦文入得離宿若加絺衣出則越時限无有離宿故

衣宿依十誦冬分得離宿若加絺衣出則越時限无有離宿故
不得有加絺衣出也前離衣宿有加絺衣出者彼衣若出加絺衣
宿得罪故㕥此中過臘月十五日十六日不聽離六宿何以然秋冬單深
多有盜賊故聽至春分則无單深在故不聽又一解此蘭若離衣
背是上行法僑懃之人[illegible]叩常人自何以然故此衣皆是下人寬
[illegible]行之人故无加絺耶

BD00648 金光明最勝王經卷一

（唐）義净 譯

362.9cm×26.3cm

常樂奉持忍行精勤經无量劫超諸靜慮繫
念現前開闡慧門善修方便自在遊戲微妙
神通逮得惣持辯才无盡斷諸煩惱累除皆
已不久當成一切種智降魔軍衆而擊法鼓
制諸外道令起淨心轉妙法輪度人天衆十方
佛土悉已莊嚴六趣有情无不蒙益成就大
智具足大忍住大慈悲心有大堅固力歷事
諸佛不般涅槃發弘誓心盡未來際廣於
佛所深種淨因於三世法悟无生忍逾於
二乘所行境界以大善巧化世間於大師教能
敷演秘密之法甚深空性皆已了知无復疑惑
其名曰無障礙轉法輪菩薩常發心轉法
輪菩薩常進菩薩不休息菩薩慈氏菩

深王菩薩寶幢菩薩大寶幢菩薩地藏菩
薩虛空藏菩薩寶手自在菩薩金剛手菩薩
歡喜力菩薩大法力菩薩大莊嚴光菩薩大
金光莊嚴菩薩淨戒菩薩常定菩薩極清淨
慧菩薩堅固精進菩薩心如虛空藏菩薩不斷大
願菩薩施藥菩薩療諸煩惱病菩薩醫王菩
薩歡喜高王菩薩得上授記菩薩大雲淨光
菩薩大雲持法菩薩大雲名稱喜樂菩薩大
雲現無邊稱菩薩大雲師子吼菩薩大雲牛
王吼菩薩大雲吉祥菩薩大雲寶德菩薩大
雲日藏菩薩大雲月藏菩薩大雲星光菩薩
大雲火光菩薩大雲電光菩薩大雲雷音菩
薩大雲慧雨充遍菩薩大雲清淨雨王菩薩
大雲華樹王菩薩大雲青蓮花香菩薩大雲寶

大雲華樹王菩薩大雲青蓮花香菩薩大雲寶
旃檀香清涼身菩薩大雲除闇菩薩大雲破
翳菩薩如是等无量大菩薩衆各於晡時從
定而起往詣佛所頂礼佛足右繞三帀退坐一
面復有梨車毗童子五億八千其名曰師子光
童子師子慧童子法授童子因陁羅授童
子大光童子大猛童子佛護童子法護童子
僧護童子金剛護童子虛空護童子虛空吼
童子寶藏童子吉祥妙藏童子如是等人而
為上首悉皆安住无上菩提於大乘中深信
歡喜各於晡時往詣佛所頂礼佛足右繞三帀
退坐一面
復有四万二千天子其名曰喜見天子喜悅
天子日光天子月髻天子明慧天子虛空淨

為上首皆發弘願言擁護[illegible]
不絶各於晡時往詣佛所頂礼佛足右繞三
帀退坐一面復有二万八千龍王蓮花龍王
毉羅葉龍王大力龍王大吼龍王小波龍王
持駃水龍王金面龍王如意龍王是等龍王
而為上首於大乘法常樂受持發深信心稱
揚擁護各於晡時往詣佛所頂礼佛足右繞
三帀退坐一面
復有三万六千諸藥叉衆毗沙門天王而為
上首其名曰菴婆藥叉持菴婆藥叉蓮華
光藏藥叉蓮華面藥叉嚬眉藥叉現大怖藥
叉動地藥叉吞食藥叉是等藥叉悉皆愛樂
如來正法深心護持不生疲懈各於晡時往詣
佛所頂礼佛足右繞三帀退坐一面
復有四万九千揭路荼王香象勢力王而為

佛所頂礼佛足右繞三帀退坐一面
復有四万九千揭路荼王香象勢力王而為
上首及餘健闥婆阿蘇羅緊那羅莫呼洛
伽等山林河海一切神仙并諸大國所有王衆
中宮后妃淨信男女人天大衆悉皆雲集咸
願擁護无上大乘讀誦受持書寫流布各
於晡時往詣佛所頂礼佛足右繞三帀退坐
一面如是等聲聞菩薩人天大衆龍神八部
雲集已各各至心合掌恭敬瞻仰尊容目不
曾捨願樂欲聞殊勝妙法尒時薄伽梵於日
晡時從定而起觀察大衆而說頌曰

金光明妙法　最勝諸經王　甚深難得聞　諸佛之境界
我當為大衆　宣說如是經　并四方四佛　威神共加護
東方阿閦尊　南方寶相佛　西方无量壽　北方天鼓音
我復演妙法　吉祥懺中勝　能滅一切罪　淨除諸惡業

衆生身不具　壽命將損減　諸惡相現前　天神皆捨離
親友懷瞋恨　眷屬悉分離　彼此共乖違　珍財皆散失
惡星為變怪　或被邪蠱侵　若復多憂愁　衆苦之所逼
睡眠見惡夢　因此生煩惱　是人當澡浴　應著鮮潔衣
於此妙經王　甚深佛所讚　專注心无亂　讀誦聽受持
由此經威力　能離諸災横　及餘衆苦難　无不皆除滅
護世四王衆　及大臣眷屬　无量諸藥叉　一心皆擁衛
大辯才天女　尼連河水神　訶利底母神　堅牢地神衆
梵王帝釋主　龍王緊那羅　及金翅鳥王　阿蘇羅天衆
如是天神等　并將其眷屬　皆來護是人　晝夜常不離
我當說是經　甚深佛行處　諸佛秘密教　千万劫難逢
若有聞是經　能為他演說　若心生隨喜　或設於供養
如是諸人等　當於无量劫　常為諸天人　龍神所恭敬
此福聚无邊　數過於恒沙　讀誦是經者　當獲斯功德

此福聚无邊　數過於恒沙　讀誦是經者　當獲斯功德
亦為十方尊　深行諸菩薩　擁護持經者　令離諸苦難
供養是經者　如前澡浴身　飲食及香華　恒起慈悲意
若欲聽是經　令心淨无垢　常生歡喜念　能長諸功德
若以尊重心　聽聞是經者　善生於人趣　遠離諸苦難
彼人善根熟　諸佛之所讚　方得聞是經　及以懺悔法

金光明冣勝王經如來壽量品第二

尒時王舍大城有一菩薩摩訶薩名曰妙幢
已於過去无量俱胝那庾多百千佛所　承
事供養殖諸善根是時妙幢菩薩獨於靜處
作是思惟以何因緣釋迦牟尼如來壽命短促
唯八十年復作是念如佛所說有二因緣得
壽命長云何為二一者不害生命二者施他
飲食然釋迦牟尼如來曾於无量百千万

惠施一切飢餓
亦持施與令得飽滿況飲食時彼菩薩於世
尊所作是念時以佛威力其室忽然廣博嚴
淨帝青琉璃種種衆寶雜彩間飾如佛淨
土有妙香氣過諸天香芬馥充滿於其四
面各有上妙師子之座四寶所成以天寶衣
而敷其上復於此座有妙蓮花種種珍寶以
為嚴飾量等如来自然顯現於蓮華上有四如来
東方不動南方寶相西方无量壽北天鼓音是
四如来各於其座跏趺而放大光明周遍照
耀王舍大城及此三千大千世界乃至十方
恒河沙等諸佛國土雨諸天華奏諸天樂尒
時於此贍部洲中及三千大千世界所有衆
生以佛威力受勝妙樂无有乏少若身不具
皆蒙具足盲者能視聾者得聽瘂者能言

皆蒙具足盲者能視聾者得聽瘂者能言
愚者得智若心亂者得本心若衣无者得衣
服被惡賤者人所敬有垢穢者身清潔於此
世間所有利益未曾有事悉皆顯現
尒時妙幢菩薩見四如來及希有事歡喜踊
躍合掌一心瞻仰諸佛殊勝之相亦復思惟釋
迦牟尼如來无量功德唯於壽命生疑惑
心云何如來功德无量壽命短促唯八十年
尒時四佛告妙幢菩薩言善男子汝今不應
思忖如來壽命長短何以故善男子我等不
見諸天世間梵魔沙門婆羅門等人及非人
有能筭知佛之壽量知其齊限唯除无上正
遍知者時四如來欲說釋迦牟尼佛所有壽
量以佛威力欲色界天諸龍鬼神揵闥婆阿

菩薩淨妙宅中。尒時四佛於大衆中欲顯釋
迦牟尼如來所有壽量而說頌曰
一切諸海水　可知其滴數　无有能數知　釋迦之壽量
析諸妙高山　如芥可知數　无有能數知　釋迦之壽量
一切大地土　可知其塵數　无有能筭知　釋迦之壽量
假使量虛空　可得盡邊際　无有能度知　釋迦之壽量
若人任億劫　盡力常筭數　亦復不能知　世尊之壽量
不害衆生命　及施於飲食　由斯二種因　得壽命長遠
是故大覺尊　壽命難知數　如劫无邊際　壽量亦如是
妙幢汝當知　不應起疑惑　最勝壽无量　莫能知數者
尒時妙幢菩薩聞四如來說釋迦牟尼佛壽
量无限，白言世尊：云何如來示現如是短促壽
量？時四世尊告妙幢菩薩言：善男子，彼釋迦
牟尼佛於五濁世出現之時，人壽百年，稟

牟尼佛於五濁世出現之時人壽百年稟
性下劣善根微薄復无信解此諸衆生多有
我見人見衆生壽者養育邪見我我所見斷
常見等爲欲利益此諸異生及衆外道如是
等類令生正解速得成就无上菩提是故釋
迦牟尼如來示現如是短促壽命善男子然
彼如來欲令衆生見涅槃已生難遭想憂
苦等想於佛世尊所說經教速當受持讀誦
通利爲人解說不生謗毀是故如來現斯短壽
何以故彼諸衆生若見如來不般涅槃不生
恭敬難遭之想如來所說甚深經典亦不受
持讀誦通利爲人宣說所以者何以常見佛
不尊重故善男子辟如有人見其父母多有
財產珎寶豐盈便於財物不生希有難遭之

諸衆[illegible]
希有難遭之想所以者何由常見故善男子
譬如有人父母貧窮資財乏少然彼貧人或
詣王家或大臣舍見其倉庫種種珍財悉皆
盈滿生希有心難遭之想時彼貧人爲欲求
財廣設方便策勤無怠所以者何爲捨貧窮
受安樂故善男子彼諸衆生亦復如是若見
如來入於涅槃生難遭想乃至憂苦等想復
作是念於無量劫諸佛如來出現於世如烏
曇跋華時乃一現彼諸衆生發希有心起難
遭想若遇如來心生敬信聞說正法生實語
想所有經典悉皆受持不生毀謗善男子
以是因緣彼佛世尊不久住世速入涅槃善男
子是諸如來以如是等善巧方便成就衆生
尒時四佛說是語已忽然不現

尒時四佛說是語已忽然不現
尒時妙幢菩薩摩訶薩與无量百千菩薩
及无量億那庾多百千衆生俱共往詣鷲峯
山中釋迦牟尼如來正遍知所頂礼佛足在一
面立時妙幢菩薩以如上事具白世尊時
四如來亦詣鷲峯至釋迦牟尼佛所各隨本
方就座而坐告侍者菩薩言善男子汝今可
詣釋迦牟尼佛所爲我致問少病少惱起居
輕利安樂行不復作是言善哉善哉釋迦
牟尼如來今可演說金光明经甚深法要爲
欲饒益一切衆生除去飢饉令得安樂我當隨
喜時彼侍者各詣釋迦牟尼佛所頂礼雙足却
住一面俱白佛言彼天人師致問无量少病
少惱起居輕利安樂行不復作是言善哉善
[illegible]

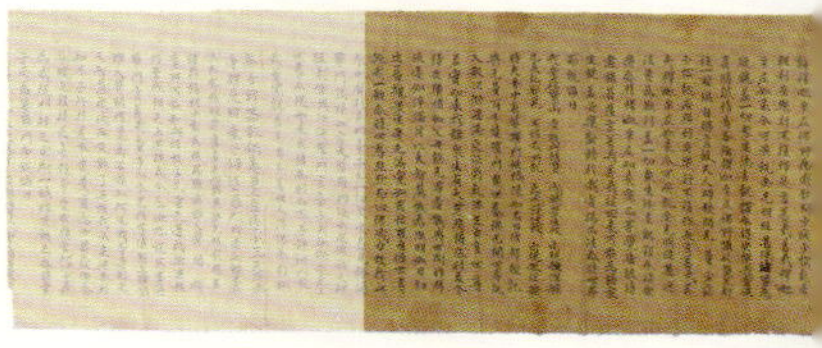

樂。尒時釋迦牟尼如來應正等覺告彼侍
者諸菩薩言善哉善哉彼四來乃能為諸衆
生饒益安樂勸請於我宣揚正法。尒時世尊
而說頌曰
我常在鷲山　宣說此經寶　成就衆生故　示現般涅槃
凡夫起邪見　不信我所說　為成就彼故　示現般涅槃
時大會中有婆羅門姓憍陳如名曰法師授記
與无量百千婆羅門衆供養佛已聞世尊說
入般涅槃涕淚交流前礼佛足白言世尊
若實如來於諸衆生有大慈悲憐愍利益令
得安樂猶如父母餘无等者能與世間作歸
依處如淨滿月以大智慧能為照明如日初
出普觀衆生愛无偏黨如羅怙羅唯願世尊
施我一願。尒時世尊默然而止。佛威力故於此

施我一願尒時世尊默然而止佛威力故於此
衆中有利車毗童子名一切衆生喜見語婆
羅門憍陳如言大婆羅門汝今從佛欲乞何
願我能與汝婆羅門言童子我欲供養无上
世尊今從如來求請舍利如芥子許何以故
我曾聞說若善男子善女人得佛舍利如
芥子許恭敬供養是人當生三十三天而為
帝釋是時童子語婆羅門曰若欲願生三十
三天受勝報者應當至心聽是金光明最勝王
經於諸經中最為殊勝難解難入聲聞獨
覺所不能知此經能生无量无邊福德果報
乃至成辦无上菩提我今為汝略說其事婆
羅門言善哉童子此金光明甚深最上難解
難入聲聞獨覺尚不能知何況我等邊鄙之

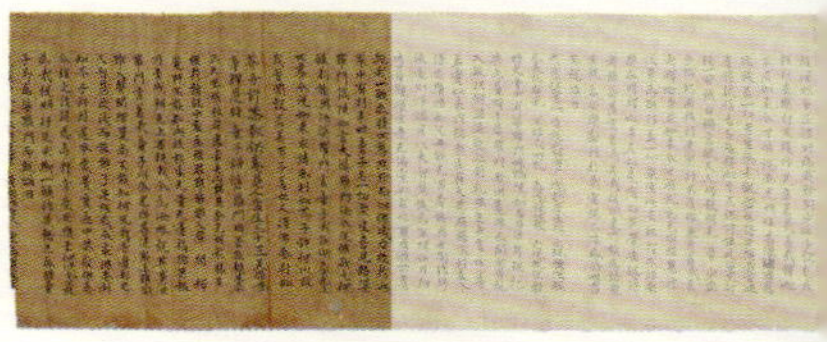

如來子許於還本家[illegible]
命終之後得爲帝釋常受安樂云何汝今不能
爲我從明行足求斯一願作是語已尒時童
子即爲婆羅門而說頌曰
[illegible]生白蓮華　黃鳥作白[illegible]　黑鳥變爲赤

BD00649 無量壽宗要經（甲本）

213cm×31.5cm

大乘无量壽經

如是我聞一時薄伽梵在[illegible]

菩薩衆俱同會坐介時世尊告曼殊室利童子曼殊[illegible]

佛号无量智決定王如來阿耨多羅三藐三菩提現[illegible]衆生開示說法曼殊諦聽南閻

浮提人皆短壽大限百年於中殀枉橫死者衆曼殊如是无量壽如來功德名稱法要

若有衆生得聞名号若自書或使人書能為經卷受持讀誦若於舍宅所住之處以種

種花鬘瓔珞塗香末香而為供養如其命盡復得延年滿足百歲如是曼殊若有

衆生得聞是无量壽智決定王如來一切八名号者益其長壽若有衆生大命將盡憶

念是如來名号便得增壽如是曼殊若有善男子善女人欲求長壽於是无量壽如來

一百八名号有得聞者或自書若使人書受持讀誦得如是等果報福德具足陁羅尼曰

南謨薄伽勃底一 阿波唎蜜多二 阿喻紇硯娜三 須毗你失指陁四 囉佐耶五 怛他羯他耶六 怛姪他唵七

薩婆桑悉迦囉八 波唎輸底九 達磨底十 伽迦娜十一 莎訶某特伽底十二 薩婆婆毗輸底十三

摩訶娜耶十四 波唎婆唎莎訶十五

世尊復告曼殊室利如是如來一百八名号若有自書或使人書為經卷受持讀誦如壽

世尊復告曼殊室利如是如来一百八名号若有自書或使人書爲經卷受持讀誦如壽
命盡復滿百年壽此身後得往生无量福智世界无量壽淨土陁羅尼曰
南謨薄伽勃底一 阿波唎蜜哆二 阿喻紇硯娜三 須毗你斯指陁四 囉佐耶五 怛他羯他耶六
怛姪他唵七 薩婆桑悉迦囉八 鉢唎輸底九 達摩底十 伽伽娜十一 莎訶其特迦底十二
莎婆婆毗輸底十三 摩訶娜耶十四 波唎婆唎莎訶十五
尒時有九十九殑佛等一時同聲說是无量壽宗要經陁羅尼曰
南謨薄伽勃底一 阿波唎蜜哆二 阿喻紇硯娜三 須毗你悉指陁四 囉佐耶五 怛他羯他耶六 怛他姪
他唵七 薩婆桑悉迦囉八 波唎輸底九 達摩底十 伽迦娜十一 莎訶其特迦底十二 薩婆婆毗輸
底十三 摩訶娜耶十四 波唎婆唎莎訶十五
尒時復有一百四殑佛一時同聲說是无量壽宗要經陁羅尼曰
南謨薄伽勃底一 阿波唎蜜哆二 阿喻紇硯娜三 須毗你悉指陁四 囉佐耶五 怛他羯他耶六 怛姪他
唵七 薩婆桑悉迦囉八 波唎輸底九 達摩底十 伽迦娜十一 莎訶其特迦底十二 薩婆婆毗輸底十三
摩訶娜耶十三 波唎婆唎莎訶十五
尒時復有七殑佛一時同聲說是无量壽宗要經陁羅尼曰
南謨薄伽勃底一 阿波唎蜜哆二 阿喻紇硯娜三 須毗你悉指陁四 囉佐耶五 怛他羯他耶六 怛姪他
唵七 薩婆桑悉迦囉八 波唎輸底九 達摩底十 伽迦娜十一 莎訶其特迦底十二 薩婆婆毗輸

唵七薩婆桑悉迦囉八波唎輸底九達摩底十伽迦娜十一莎訶其特迦底十二薩婆婆毗輸
底十三摩訶娜耶十四波唎婆唎莎訶十五
尒時復有六十五殑佛一時同聲說是无量壽宗要經陁羅尼曰
南謨薄伽勃底一阿波唎蜜哆二阿喻紇硯娜三須毗你悉指陁四囉佐耶五怛他羯他耶六怛姪他唵七
薩婆桑悉迦囉八波唎輸底九達摩底十伽迦娜十一莎訶其特迦底十二薩婆婆毗輸底十三
摩訶娜耶十四波唎婆唎莎訶十五
尒時復有五十五殑佛一時同聲說是无量壽宗要經陁羅尼曰
南謨薄伽勃底一阿波唎蜜哆二阿喻紇硯娜三須毗你悉指陁四囉佐耶五怛他羯他耶六怛姪他唵七
薩婆桑悉迦囉八波唎輸底九達摩底十伽迦娜十一莎訶其特迦底十二薩婆婆毗輸底十三
摩訶娜耶十四波唎婆唎莎訶十五
尒時復有四十五殑佛一時同聲說是无量壽宗要經陁羅尼曰
南謨薄伽勃底一阿波唎蜜哆二阿喻紇硯娜三須毗你悉指陁四囉佐耶五怛他羯他耶六怛姪他
唵七薩婆桑悉迦囉八波唎輸底九達摩底十伽迦娜十一莎訶其特迦底十二薩婆婆毗輸底十三
摩訶娜耶十四波唎婆唎莎訶十五
尒時復有三十六殑佛一時同聲說是无量壽宗要經陁羅尼曰
南謨薄伽勃底一阿波唎蜜哆二阿喻紇硯娜三須毗你悉指陁四囉佐耶五怛他羯他耶六怛姪他

南謨薄伽勃底一阿波唎蜜哆二[illegible]

唵七薩婆桑悉迦囉八波唎輸底九達磨底十伽伽娜十一莎訶某特迦底十二薩婆婆毗輸

底十三摩訶娜耶十四波唎婆唎莎訶十五

尒時復有二十五殑佛一時同聲説是无量壽宗要經陁羅尼曰

南謨薄伽勃底一阿波唎蜜哆二阿喻紇硯娜三須毗你悉指陁四囉佐耶五怛他羯他耶六怛姪他

唵七薩婆桑悉迦囉八波唎輸底九達磨底十伽伽娜十一莎訶某特迦底十二薩婆婆毗輸

底十三摩訶娜耶十四波唎婆唎莎訶十五

尒時復有恒河沙殑佛一時同聲説是无量宗要經陁羅尼曰

南謨薄伽勃底一阿波唎蜜哆二阿喻紇硯娜三須毗你悉指陁四囉佐耶五怛他羯他耶六怛

姪他唵七薩婆桑悉迦囉八波唎輸底九達磨底十伽伽娜十一莎訶某特迦底十二薩婆婆毗輸

底十三摩訶娜耶十四波唎婆唎莎訶十五

善男子若有自書寫教人書寫是无量壽宗要經如其命盡復得長壽而滿年陁羅尼曰

南謨薄伽勃底一阿波唎蜜哆二阿喻紇硯娜三須毗你悉指陁四囉佐耶五怛他羯他耶六怛姪他

唵七薩婆桑悉迦囉八波唎輸底九達磨底十伽伽娜十一莎訶某特迦底十二薩婆婆毗輸

底十三摩訶娜耶十四波唎婆唎莎訶十五

若有自書寫教人書寫是无量壽宗要經讀誦受持畢竟不墮地獄在在所生得宿命

若有自書寫教人書寫是无量壽宗要經讀誦受持畢竟不墮地獄在在所生得宿命
智陁羅尼曰　南謨薄伽勃底一　阿波唎蜜哆二　阿喻紇硯娜三　須毗你悉指陁四　囉佐耶五　怛他羯
他耶六　怛姪他唵七　薩婆桑悉迦囉八　波唎輸底九　達磨底十　伽伽娜十一　莎訶某特迦底十二　薩
婆婆毗輸底十三　摩訶娜耶十四　波唎婆唎莎訶十五
若有自書寫教人書寫是无量壽宗要經受持讀誦如同書寫八万四千一切經典陁羅尼曰
南謨薄伽勃底一　阿波唎蜜哆二　阿喻紇硯娜三　須毗你悉指陁四　囉佐耶五　怛他羯他耶六　怛姪他唵七
薩婆桑悉迦囉八　波唎輸底九　達磨底十　伽伽娜十一　莎訶某特迦底十二　薩婆婆毗輸底十三
摩訶娜耶十四　波唎婆唎莎訶十五
若有自書寫教人書寫是无量壽宗要經即是書寫八万四千部建立塔廟陁羅尼曰
南謨薄伽勃底一　阿波唎蜜哆二　阿喻紇硯娜三　須毗你悉指陁四　囉佐耶五　怛他羯他耶六　怛姪他唵七
薩婆婆毗輸底八　波唎輸底九　達磨底十　伽伽娜十一　莎訶某特迦底十二　薩婆婆毗輸底十三
摩訶娜耶十四　波唎婆唎莎訶十五
若有自書寫教人書寫是无量壽宗要經能消五无間等一切重罪陁羅尼曰
南謨薄伽勃底一　阿波唎蜜哆二　阿喻紇硯娜三　須毗你悉指陁四　囉佐耶五　怛他羯他耶六　怛姪他唵七
薩婆桑悉迦囉八　波唎輸底九　達磨底十　伽伽娜十一　莎訶某特迦底十二　薩婆婆毗輸底十三
摩訶娜耶十四　波唎婆唎莎訶十五

摩訶娜耶十四 波唎婆唎莎訶十五

若有自書寫教人書寫是无量壽宗要經受持讀誦設有重罪猶如須彌盡能除滅陁

羅尼曰 南謨薄伽勃底一 阿波唎蜜哆二 阿喻紇硯娜三 須毗你遮指陁四 囉佐耶五 怛他羯他耶六

怛姪他唵七 薩婆桒塞迦囉八 波唎輸底九 達磨底十 伽迦娜十一 莎訶其特迦底十二 薩婆婆

毗輸底十三 摩訶娜耶十四 波唎婆唎莎訶十五

若有自書寫教人書寫是无量壽宗要經受持讀誦若魔魔之眷屬夜叉羅刹不

得其便終无枉死陁羅尼曰

南謨薄伽勃底一 阿波唎蜜哆二 阿喻紇硯娜三 須毗你遮指陁四 囉佐耶五 怛他羯他耶六 怛姪他

唵七 薩婆桒塞迦囉八 波唎輸底九 達磨底十 伽迦娜十一 莎訶其特迦底十二 薩婆婆毗輸

摩訶娜耶十四 波唎婆唎莎訶十五

若有自書寫教人書寫是无量壽宗要經受持讀誦當命終時有九十九姟佛現其人前

蒙千佛授手能遊一切佛刹莫於此經生於疑惑陁羅尼曰

南謨薄伽勃底一 阿波唎蜜哆二 阿喻紇硯娜三 須毗你遮指陁四 囉佐耶五 怛他羯他耶六 怛姪他

唵七 薩婆桒塞迦囉八 波唎輸底九 達磨底十 伽迦娜十一 莎訶其特迦底十二 薩婆婆毗

底十三 摩訶娜耶十四 波唎婆唎莎訶十五

若有自書寫教人書寫是无量壽宗要經受持讀誦常得四天大王隨其衛護陁羅尼曰

南謨薄伽勃底一 阿波唎蜜哆二 阿喻紇硯娜三 須毗你遮指陁四 囉佐耶五 怛他羯他耶六 怛姪他唵七

若有自書寫教人書寫是无量壽宗要經受持讀誦當得四天大王隨其衛護陁羅尼曰
南謨薄伽勃底一 阿波唎蜜多二 阿喻紇硯娜三 須毗你悉指陀四 囉佐耶五 怛他羯他耶六 怛姪他唵七
薩婆桑悉迦唵十 波唎輸底九 達磨底十 伽伽娜十一 莎訶某特迦底十二 薩婆娑婆毗輸底 十三
摩訶娜耶十四 波唎婆唎莎訶十五
若有自書寫教人書寫是无量壽宗要經受持讀誦當得西方極樂世界阿弥陁淨土陁羅
尼曰 南謨薄伽勃底一 阿波唎蜜多二 阿喻紇硯娜三 須毗你悉指陀四 囉佐耶五 怛他羯他耶六 怛姪他
唵七 薩婆桑悉迦囉八 波唎輸底九 達磨底十 伽伽娜十一 莎訶某特迦底十二 薩婆娑婆毗輸
底十三 摩訶娜耶十四 波唎婆唎莎訶十五
若有方所自書寫使人書寫是无量壽經典之處則爲是塔皆應恭敬作禮若是畜生或爲
鳥獸得聞是經如是等類皆當不久得成一切種智陁羅尼曰
南謨薄伽勃底一 阿波唎蜜多二 阿喻紇硯娜三 須毗你悉指陀四 囉佐耶五 怛他羯他耶六 怛姪他
唵七 薩婆桑悉迦囉八 波唎輸底九 達磨底十 伽伽娜十一 莎訶某特迦底十二 薩婆娑婆毗輸
底十三 摩訶娜耶十四 波唎婆唎莎訶十五
若有自書寫量壽經自書寫若使人書寫畢竟不受女人之身陁羅尼曰
南謨薄伽勃底一 阿波唎蜜多二 阿喻紇硯娜三 須毗你悉指陀四 囉佐耶五 怛他羯他耶六 怛
姪他唵七 薩婆桑悉迦囉八 波唎輸底九 達磨底十 伽伽娜十一 莎訶某特迦底十二 薩婆娑婆毗

姪他唵七 薩婆桒悉迦囉八 波唎輸底九 達摩底十 伽迦娜十一 莎訶其特迦底十二 薩婆婆毗
輸底十三 摩訶娜耶十四 波唎婆唎莎訶十五
若有能於是經少分能惠施者等於三千大千世界滿中七寶布施陁羅尼曰
南謨薄伽勃底一 阿波唎蜜哆二 阿喻紇硯娜三 須毗你悉指陁四 囉佐耶五 怛他羯他耶六 怛姪他唵七
薩婆桒悉迦囉八 波唎輸底九 達磨底十 伽迦娜十一 莎訶其特迦底十二 薩婆婆毗輸底十三
摩訶娜耶十四 波唎婆唎莎訶十五
若有能供養是經者則是供養一切諸經等无有別異陁羅尼曰
南謨薄伽勃底一 阿波唎蜜哆二 阿喻紇硯娜三 須毗你悉指陁四 囉佐耶五 怛他羯他耶六 怛姪
他唵七 薩婆桒悉迦囉八 波唎輸底九 達磨底十 伽迦娜十一 莎訶其特迦底十二 薩婆波婆輸
底十三 摩訶娜耶十四 波唎婆唎莎訶十五
如是毗婆尸佛 尸棄佛 毗舍浮佛 俱留孫佛 俱那含牟尼佛 加葉佛 釋迦牟尼佛 若有人以七
寶供養如是七佛其福有限書寫受持是无量壽經典所有功德不可限量陁羅尼曰
南謨薄伽勃底一 阿波唎蜜哆二 阿喻紇硯娜三 須毗你悉指陁四 囉佐耶五 怛他羯他耶六 怛姪
他唵七 薩婆桒悉迦囉八 波唎輸底九 達摩底十 伽迦娜十一 莎訶其特迦底十二 薩婆婆毗
輸底十三 摩訶娜耶十四 波唎婆唎莎訶十五
若有七寶等於須彌以用布施其福上能知其限量是无量壽宗要經其福不可知數陁羅尼曰
南謨薄伽勃底一 阿波唎蜜哆二 阿喻紇硯娜三 須毗你悉指陁四 囉佐耶五 怛他羯他耶六 怛姪

若有七寶等於須弥以用布施其福上能知其限量是无量壽宗要其福不可知數陁羅尼曰
南謨薄伽勃底一阿波唎蜜多二阿喻紇硯娜三須毗你悉指陁四囉佐耶五怛他羯他耶六怛姪
他唵七薩婆桑悉迦囉八波唎輸底九達磨底十伽迦娜十一莎訶某特迦底十二薩婆婆
毗輸底十三摩訶娜耶十四波唎波嚥莎訶十五
如是四大海水可知滴數是无量壽經典所生果報不可數量陁羅尼曰
南謨薄伽勃底一阿波唎蜜多二阿喻紇硯娜三須毗你悉指陁四囉佐耶五怛他羯他耶六怛他姪唵七
薩婆桑悉迦囉八波唎輸底九達摩底十伽迦娜十一莎訶某特迦底十二薩婆婆毗輸底十三
摩訶娜耶十四波唎婆唎莎訶十五
若有人自書寫使人書寫是无量壽經典又能讀持供養即如恭敬供養一切十方佛土如
來无有別異陁羅尼曰
南謨薄伽勃底一阿波唎蜜多二阿喻紇硯娜三須毗你悉指陁四囉佐耶五怛他羯他耶六
怛姪他唵七薩婆桑悉迦囉八波唎輸底九達摩底十伽迦娜十一莎訶某特迦底十二薩婆婆
毗輸底十三摩訶娜耶十四波唎婆唎莎訶十五
布施力能成正覺　悟布施力人師子　布施力能聲普聞　慈悲階漸最能入
持戒力能成正覺　悟持戒力人師子　持戒力能聲普聞　慈悲階漸最能入
忍辱力能成正覺　悟忍辱力人師子　忍辱力能聲普聞　慈悲階漸最能入
悟精進力人師子　精進力能聲普聞　慈悲階漸最能入

世

忍辱力能成正覺　[illegible]

精進力能成正覺　悟精進力人師子　精進力能聲聞　慈悲階漸最能入

禪定力能成正覺　悟禪定力人師子　禪定力能聲聞　慈悲階漸最能入

智慧力能成正覺　悟智慧力人師子　智慧力能聲聞　慈悲階漸最能入

尒時如來說是經已一切聲聞天人阿脩羅揵闥婆等聞佛所說皆大歡喜信受奉行

佛說无量壽宗要經

唐果忍弟子寫

BD00650 大乘入道次第

（唐）智周 撰

877.5cm × 28cm

終盡雲法經三大劫其初資粮加行二位是初大劫從通達位至七地
終是第二劫從第八地盡第十地是第三劫時畢三祇行備四位方登究竟菩提
果矣　第二釋名者初辨資粮先總後別總言資粮者資益己身之粮
名為資粮欲趣菩提要資於行此位創修入佛之因名資粮位故唯識云為
趣无上正等菩提修集種種勝[illegible]名順解脫分言解脫者所謂涅
槃離煩惱縛名為解脫即所求果順者不違不違之者因義即所修行不違於
果是果之因名為解脫分故唯識云為有情故勤求解脫由此亦名順解
脫分釋別名者下十住菩薩在此創安其心於六度等行求殊勝但得住名
此十別者一住菩薩創首發心於大菩提以名發心住二者菩薩淨治三業其及於
識名治地住三者菩薩修勝理觀起上妙行名修行住四者菩薩從諸聖法正
教中生名生貴住五者菩薩所修善根皆為救物名方便具足住六者菩薩
聞讚毀心定不動名正心住七者菩薩聞說三寶三際有无心堅不轉名不退住
八者菩薩三業清潔悟二世間真俗虛偽之量表无咎過猶如嬰兒之行名童
真住九者菩薩解真俗諦悟法王法將成紹襲名法王子住十者菩薩如王太子堪
受王位行漸勝故名灌頂住第二十行十行位菩薩行六度等諸行勝故名之為行

薩善名薩善[illegible]

退地名饒益行三者菩薩常脩忍辱謙卑恭敬和顏愛語不害自他怪身空

寂死時能忍名無恚行四者菩薩修設多要法劝苦求法濟生念念不息名無盡行

五者菩薩常住正念恒無散亂於一切法乃至生死入住出胎無有痴亂名離痴亂行

六者菩薩善入法門無杜於三業寂滅無縛無著而復不捨化衆生心常能隨類

現生救拔名善現行七者菩薩歷往塵剎供佛求法傳燈度生心無厭足然以

寂滅觀法法皆如於一切心無所著名無著行八者菩薩尊重善根智慧等法皆

悉成就而由得斯法尊重法二利之行更增脩習名尊重行九者菩薩行無

导陁羅尼門説法等事法能為衆生作清涼池守護正法仏種不斷名善法

行十者法住菩薩成就第一義諦之語學三世仏真實之語無二之語如説能行

如行能説語行相應心色皆順名真實行三者十迴向在斯位已見所脩行

皆為迴向立迴向名其十者何一法住菩薩行度六四攝等法悉為救拔一切

請令離生死得涅槃樂名救護衆生入平等觀不見怨親衆生等相攝離

衆生相迴向名因斯立二者菩薩於三寶所得不壞信因持諸善迴向衆生

及善利名不壞迴向三者菩薩學三世仏不著生死不離菩提脩迴向事名等諸

仏迴向四者菩薩習一切諸善根持以彼善根如是迴向令諸善根功德之力至

一切世界衆生之所作諸供養利益之事譬如實際無處不

BD00650　大乘入道次第

一切世界衆生之所作法供養利益之事辟如實際无所不
四名至一切處迴向。菩薩修悔過善根離一切業鄣於諸如來一切衆生
所有善根皆悉隨喜以此善根皆悉迴向莊嚴一切諸佛淨刹常作佛事善
巧方便與諸一切衆離諸虛妄而无所著由迴向已得无盡善根名无盡藏功
德迴向。六菩薩以內外財施衆生亦而悉放之見諸苦者以身代堅固安住
自在一切德以如是等諸善功德而迴向已令一切衆生得大智慧永滅大苦名隨
順一切堅固善根迴向。七者菩薩而能增長一切善根修習究竟安住忍力閉惡心
趣門永離顛倒不著諸行一切善根悉皆迴向為一切衆生作功德藏善
覆一切拔出生死令德衆善等无差別名等心隨順一切衆生迴向。八者菩薩成就
念智安住不動以无所依釋然不亂不違一切平等正法莊嚴生所修諸善皆順
如相而為迴向名如相迴向。九者菩薩所持善根離倚攀等所有縛著得解脫以
行普賢行所習諸善不執為己及以他人以无縛无著解脫之心迴向饒益品物一
切故名无著无縛解脫心迴向。十者此位菩薩離垢繒繫頂受大師法記法施化生
嚴淨世界出生智等悉同虛界出智等悉同虛界而无限量凡所善根循於迴
向法界等一切故名法界无量迴向。此等處如華嚴經說迴心繁不異前廿九心
金剛世少分而屬資糧世少分屬後加行閒遠位初首而為十信謂信進念定惠心

第二加行位者亦分揔別言加行者加功用行而趣見道故名加行故唯識云近見
道故立加行名即此立名順決擇分言決擇者體即是智知決簡於疑不決擇
簡擇見心擇故為異於彼故名決擇分者支分此決擇體即是見道見道七覺
支中是其一支故名為分順者趣向所求之義加行位中煖等善根能樂趣
向彼決擇分故煖等善根名順決擇分故唯識云此四揔名順決擇分順趣
真實決擇分故別名者一煖此位菩薩初得見道火之前相故名為煖能見
道體能斷煩惱如火焚薪故喻於火煖位菩薩未得火體而得火相故名為煖
二頂位此位菩薩依尋伺思審觀所取空此位功極故名為頂頂者極義如山之頂上之
極故三忍忍者即可達忍之義此位菩薩知妄執識及以外境而體皆空故名為
忍四世第一法此位菩薩所得智一切世間所有法中无先此者名世第一
第三通達位者亦分二種一揔揔名言通達者會證之義此位菩薩无漏之
智初證真如故名通達即唯識云加行无間此智生時體會真如名通達位
即是見道唯識等云通達位者謂諸菩薩所住見道見道名者即无漏智
照理名見故唯識云初照理故亦名見道道者遊履義行人遊履趣於極果
或通運義通運行人至於極果故名為道次釋別名一者見道體即
虛妄觀能證理實能斷鄣故名為見又釋見者是理見者是智證者之

虗妄觀能證理實能斷鄣故名為真又釋真者是理見者是智證真之
智名真見道二相見道顯似之義真見道後而起於他解安攝倣
像真見所於功能不能證理及斷於鄣類似於真故名相見
第四脩習位者開二種一釋揔名此位菩薩而更進修无分別智斷所餘鄣故名脩
習唯識等云為斷除鄣證得轉依復數脩習无分別智是以此位名脩習位二
顯別名又分為二初釋揔地名後解十別等此脩習位能為依持生長之義故
名為地唯識等云与所脩行為勝依持令得生長故名為地十別者何此地菩始
入於聖證二空理利樂自他所以大喜是故此地名極喜故瑜伽云得未曾得出
世間心具證二空能益自他生大歡喜二此地菩薩具清淨戒離破戒戒
惑業染汙人名之為垢此地能捨名離垢地瑜伽等云遠離一切微細犯
戒三此地菩薩由得勝定及殊勝教四種揔持以為能起三慧三慧而能照法
顯現名之為光此定等能起光光所以此地名發光地故瑜伽等云能為光
量智光依止四此地菩薩住最殊勝能斷煩惱如火燒薪是故此地名焰慧地故瑜
伽等云燒諸煩惱智如火焰五此地菩薩能令俗諦与分別智而与真諦无違
相同時俱起以相違法令不相違一時並生故知難也前之四地而未有能今乃得
之故轉為勝前地也是以此地名難勝地故瑜伽等云方便脩習最極艱難方得

无相不起功用功用之行創絶斯地是以此地无相之行逾於二乘世間等行是以
地名遠行地故瑜伽等云雖遠證入无缺无間於作意入此地菩薩无於相不被一切相於
功用及諸煩惱而能擊擊所以此地名不動地故瑜伽云不爲現行煩惱所動九此地
菩薩得勝妙智能善說法以利含識是以此名善慧地故瑜伽等所說自獲得无罪
廣大智慧十地菩薩而有勝智能藏衆德能斷諸鄣能遍法身義同於雲能
蔽於雲而含於水是以此地名法雲故瑜伽等云麁重之體廣如虛空法
身圓滿譬如大雲皆能遍覆是以此地名法雲地
第五究竟位者一切皆事畢故稱究竟簡資粮等彼之四位功未畢故立簡
二乘二乘所得菩提涅槃非爲勝故唯佛獨能所作皆辦功德最勝得名究竟
三出體者資粮加行此之二位趣性皆以有漏加行智爲其體見道趣性無以
根本後得无漏二智爲體云亦有別故其修習位十地皆以无爲无爲諸功德
法以爲其體究竟位者即以如來菩提涅槃以爲其體上來列位釋名出體三
門不同揔第一辨位次也

第二明修斷者復開爲二一明所修之門

二說所斷之鄣初修門中復分爲二初標所修境者謂即三性三無性等
每種差別今且略明三性之境謂遍計所執依他性圓成實性是之形所觀名
之爲境故持大乘名所有心形所有心形名即有之境也問此三名體其義云何

之爲境故稱大，示名所有心所自名即是之境。世間法三名體其義。云何
菩遍者，周遍計度，普計一切，故名遍計。此名周遍量度之心，妄執一切五蘊
等法爲我爲法。此法妄計我法等類，名爲所執。所執之法但是假名，無其實體，故
瑜伽論云：謂隨言說依假名言建立自性，自性即是弥法等性，謂所緣蘊等體
性不無，能計妄情有復是無。何以論云：遍計所執無自體耶？答：蘊等緣生不離
於識，非如所取非有之法。妄情不了執爲實有，計爲離法而離於識，非一異等
等所執離識實有，等皆說爲無，名計所執。下之識內非情計者，以若遍
當名若從彼此識云：一切有漏及心所，由習力一心變二分，從緣生故，亦依他起；遍
計妄執定實有無、一異、俱不俱等，此二方名遍計所執。問：遍計所執定能已明能
遍計第幾識？何是答：有漏第七及第六識妄執我法，等名能遍計。故攝論
云：意識名爲能遍計故。六識中唯此二也。問：第六妄執緣一切起，可名遍計；第
七但緣第八起執，何得名遍？答：第七類以是第六識執之類，故名遍計。
依他起者，依他起者，依謂依託，他者非己，由仗緣他自方得生，名依他起。此生世體即
一切有漏無漏心及心所，又處從之因緣生皆名依他。故瑜伽云：謂從衆緣
所起自性。圓成實者，圓者圓滿，體周遍義；成即成就，非生滅義；實者
真實，非虛謬義。唯一真如具斯三義，名圓成實。故瑜伽云：謂諸法真如。

離倒者謂是實義煩惱障淨虛妄顛倒不得實名无不遍不然故名實
无變者謂即是勝義究竟能斷煩惱障淨就此勝故名勝也勝用
遍者謂是其圓義能普斷或遍諸境故名圓也由此義如是為无漏並
圓成實也辯中邊論第二云真如无變異故名圓成實有為揔攝一
切聖道於境无倒亦名圓成實有為揔攝一切聖道於境无倒亦名圓成
實攝大乘論云取无為有為无漏名圓成實故知圓成實通二種也問何故
瑜伽論但以五法中如如為圓成實耶答辯圓成實有二種一常无常
種但是常名圓成實離生滅故无常即非瑜伽據此故以如為圓成實
正智體是生滅法故故不取也二漏无漏種但是无漏即名圓成實離顛倒故有
漏即非所以中邊攝論唯識通攝二種亦取正智諸无漏法亦圓成實故不相違
即於遍計其體全无依他圓成體性是有故契經云有為无為名之為有我
及我所說之為无有為无為依他成實我及我所是遍計也三性於先詳
可知矣觀遍計境我法體无但可令知不生妄執觀依他起染者惑業及以
苦果可除斷淨者即是資糧加行見道脩道所行之行可令脩習觀圓成
實而令求證三性无等所餘之境恐心繁不說　次脩行中文分為二初明發心
後明脩行發心又二初明發心後明發願初心發者將求大果必要先發菩提之

實而今求證三種无等所餘之境以涅槃不說　次修行中文各有二初明發心

後明修行菩薩心又二初明菩薩心後明菩薩發初心菩薩者將求大果必要先發菩提之

心由發心故所求果因能修行斷諸鄣證大菩提心若不發便无所趣所趣既

无非不修行若不修何能斷鄣不能斷鄣詎得菩提故花嚴經十住智

名發心住般若經論十八種中第一名發心行識云云經菩薩深因大廿

提心是以第一先須發心由發心故入佛秘密發心之義准諸經論已去略

十門分別一明菩提心之體性二鄣所因三發行相四辯所緣五明勝利六

讃德量七校勝劣八辯其喻九明退緣十彰守護

第一明體性者以信精進正念正慧之五爲體故攝論云淨清信上力堅固以勝進

名菩初心无數三大劫增上力者以信等五故以信等而爲自性

第二鄣所因者按諸經論因不一徒略陳梗槩故大集經云衆生半就十六種法能

發菩提心一常修上心瑩磨諸根二勤修諸善莊嚴功德三正心持戒不生悔猒四修

集大悲攝衆生五信仰世尊乃大慈悲六爲諸衆生受行苦七能攝衆生求菩

惱八調伏諸根具足正見九心无所畏不求諸有十樂求佛智不樂二乘十一樂不惕受

苦无悔十二捨我貢高憍慢十三和同異見十四具足身力十五受持正法十

六不斷三寶又瑜伽論并地持并發心由種緣四因四力而能發心言四緣者一見諸佛

菩大菩提心二[illegible]
菩提心三或有一類雖不見聞聽說如是正法而見一切菩薩藏法將欲滅沒便作是
念菩薩藏法久住世間能拔无量衆生大苦我應住持菩薩藏法發菩提心爲救无量衆
生大苦爲護菩薩藏增上力故於如來身切衆生信解而得發心四者或有一類雖不聞
見正法欲滅而於末劫見諸濁惡衆生身心十隨煩惱之所亂謂多愚癡多慚愧
多諸慳嫉多諸憂苦多諸麁重多諸煩惱多諸惡行多諸放逸多諸懈怠
多諸不信見是事已便作是念大濁惡世於今正起諸隨煩惱之所惱亂能發
下劣聲聞尚難可得況於无上正等菩提能發心者我當應發大菩提心
令彼惡世无量有情隨學於我亦趣菩提[illegible]由見惡世發心難得增上力故發菩
提心云何四因一謂諸菩薩菩薩種性而得具足二種仏菩提善友攝受三於諸衆
生多起悲心四於極多時生死大苦難行苦行无有怯畏云何四力謂諸菩
薩由自功力能於无上正等菩提深生愛樂二由他功力深生愛樂三
脩習大乘相應善法令得暫見諸仏菩薩或暫得聞稱揚讚歎[illegible]
速發大菩提心況覩神力聞其正法四於現法中親近承事聽聞正法諦思惟等长
時脩習種種善法由此加行發菩提心　本三段門於未希求有於希求有二一求菩提
二求利生故瑜伽云菩薩起心求菩提時發如是心說如是言願我決定當證无上正等
菩提能作有情一切義利又[illegible]初發心於諸衆生發起二種善勝意樂一者利益

菩提能作有情一切義利又發初發心於諸眾生發起二種善勝意樂一者利益
意樂謂欲從諸不善處拔濟眾生安置善處二者安樂意樂謂於貧匱無
依無怙諸眾生所離染汙心欲与種種饒益樂具　又瑜伽經論發心行相有
四義一者廣大心四生三界咸是我悲所度之者二義一心咸令有情得無餘依
涅槃勝果三者常心雖度眾生不見身外有眾生相皆即於身故能常度一切
眾生四不顛倒心不起我執有自他有情我等此等諸教皆決定希求二利為菩薩
提心之行相　第四辨所緣者但以所求所度而為所緣故大般若經云善現白佛言
尊初發菩提心菩薩何所思惟佛言正思惟一切相智又瑜伽論云以大菩提及諸有情一切
義利為所緣境緣菩提故自求當證緣眾生故悲心希濟
第五明勝利者大集經頌云若求善菩提心如是乃能斷惡趣能為人天開正
路能開八難邪險徑諸根具足不聾盲瘖瘂由發心菩提心又頌云能見十方諸世
尊我聞無上甘露味若我發心菩提是故我破疑情得無量稱意得自在
我為眾生說法界花嚴經云若有發菩提心則為不斷一切仏種則為嚴淨一切
仏剎則為尊敬一切眾生則為了達一切法性則令一切諸眾生果未得安隱瑜伽菩薩地云
發心菩薩攝善法者二種勝一因二果謂能攝善法皆是無上正等菩提能證因故而證無上
是其果故尚勝二乘況餘一切世間因果又云發心菩薩者二勝利一者初發心已為眾生尊

一切魍魎人非人等不能嬈害又此菩薩轉身餘生由如是福所攝持故无病无惱不為
長時重病所觸常為衆生无勞无倦
第六讃德量者華嚴經云發
心功德不可窮盡一切衆生界衆若共說无能盡何況所餘諸妙行又云三世菩薩初發
心誓求當證佛菩提彼之功德无邊際不可稱量无与等又云菩薩於生死最初發心時一
向求菩提堅固不可動彼一念功德深廣无邊際如來分別說窮劫猶不盡菩薩菩提心
論云如來說言如諸菩薩最初發心下方一念福果報百千万劫說不能盡況復一日一月一
歲乃至百千所習諸心福德果報豈可說盡何以故菩薩所无盡欲令一切衆生皆住无
生忍得无上菩提故辯中邊論云勝故无盡故由利他不息
第七校勝者大乘經云頌曰若有能發菩提心是則能勝一切亦能淨一切衆生心之
能演說无上道又云如恒河沙等衆生悉住聲聞辟支佛亦不欲信菩薩初發心業百分千
分不可為喻何以故二乘之人自為解脫觀於煩惱菩薩不爾常為衆生得解脫故觀
諸煩惱又頌云如恒河沙等世界滿中妙寶持用施難者如是之无量福不如悲菩提无
量億恒沙佛淨妙花以供養如是之福德由不如發菩提心七卑步
第八辯其喻者大乘經云辟支佛如小寶之不可輕何以故如是小寶能辨大事无所利
益菩薩之亦和發心時之不可輕又云如餘小王一切悉屬轉輪聖王一切人天亦復如
是辟支佛歸發心菩薩又无菩提子則无種子石蜜諸味若无菩提心亦无種三寶諸

是菩薩歸發心若去又无苦遊子則无種種，若塞諸味，若无菩提心亦无種種三寶諸
味。又頌云：若有菩薩勤精進，乃能破壞諸煩惱，如火能焚乾草木，菩提心能燒煩惱。又發菩
提心經論云：菩薩初始發心譬如大海，初漸起時當知為彼下中上價乃至无價如意
寶珠而作住處，是寶皆依大海生，如菩薩心亦復如是，為三乘人禪定智慧一切功德
所生處。又如三千大千世界初漸起時當知便為廿五有其中所有一切眾生受用皆荷
負作依止處，菩提心亦亦初漸起時普為一切无量眾生六道四生乃至四性一切荷負作
依止處。又大莊嚴論意以大喻一事，况繁不引。
第九明退緣者，瑜伽論云：有四因緣能令菩薩退菩提心：一種性不具，二惡友所攝，三
於諸眾生悲心微薄，四於長時生死苦難行苦行怯畏驚怖。
第十彰守護者，大般若經云：菩薩摩訶薩常勤守護是菩提心，猶如世人守護一子，
亦如瞎者護餘一目，如行曠野守護導者。菩薩守護菩提之心亦復如是，因護如是
菩提心故得阿耨多羅三藐三菩提果也。　第二大段明發願中亦分為二：初
願後誓。願中者所習大矣，誓也者能勢緣矣。將備成功闕一不可，亦猶轉翼待
而无御。故發菩提心論云：菩薩云何發趣菩提？以何業行成就菩提？菩薩住能悲心救護
堅固發於正願，攝受一切一切无量眾生，我求无上正等菩提救護度脫，令无有
餘，皆令究竟无餘涅槃。是故初始大悲為首，以悲故能發轉勝十大正願。何等為

得供養一切諸佛恒常不生佛國土三者願力得生諸佛國已常得親近隨侍左右
如影隨形无剎那頃不離諸佛四者願力得近佛已隨其所應說法已得成就菩
提五者願力得五通已及達世諦假名流布了知一義得正法智六者願力得
正法智已以无散心為衆生說法示教利喜皆令開解七者願力開解諸衆生已以
佛神力遍至十方无餘世界供養諸佛聽受正法廣攝衆生八者願力於諸
佛所聞正法已即能隨轉清淨法輪十世界一切衆生聽其法者已得捨
離一切煩惱藏以九者願力能令一切衆生發菩提心已常隨侍護除无利益与
无量樂捨身命財攝受衆生荷負正法十者願力能荷負正法已難行正法已難
行正法以无所行如說菩薩行於正行而无所行亦无不行為化衆生又瑜伽論九十大願謂
菩薩願於當來以一切種上妙供具供養无量无邊如來名第一願願於當來攝受防
護諸佛正法傳持法眼令斷无壞名第二願願當來從覩史多天降下八相成道
名第三願願於當來行一切種菩薩正行名第四願願於當來善能成就一切有情名
第五願願於當來一切世界皆能示現名第六願願於當來善能淨修一切佛土名
第七願願於當來一切菩薩皆同一種意樂所行近入大乘名第八願願於當來所為一切无倒加
行皆不唐捐名第九願願於當來速證无上正等菩提名第十願謂現生中願行
非一涅槃不具既菩薩願已次立於攝准莊嚴論由五義故立六種性其五義者云何

非一涅槃不具既發願已次立弘誓准花嚴論由五義故立六種誓五義者何一
為堅固其心二為制伏煩惱三為遮放逸四為破五蓋五為勤脩六度云何六誓
若有人來種〻求索亦爾時隨力施與乃至不生一念慳悋若有持戒乃至失
命建立淨心誓無悔若有脩忍為他假害乃至割截常生慈心誓不生瞋若有
脩精進遭逢寒暑王賊水火師子虎狼無水穀處要必堅固誓不退沒若有
脩禪為外事惱不擾心要繫念境誓不散起非法亂於中若脩般若觀一切法如
實性隨順受持於善不善有為無為生死涅槃不起二見若有心悔善還退
沒亂於起於二見必須指須以施戒忍精進禪智求淨菩提若有己歎雖十方世界無
量無邊阿僧祇現在諸佛於未來世當必定不證菩提誓以十願持正信門以大誓
制伏放逸必須精進六度修無上菩提　次求善友之義大矣哉將越難險會常
樂者無莫由之故採大乘唯識菩云要善友力方能菩提佛菩薩等是為善友
勝利無極難以具言具略舉三用表求意一為菩提近因故涅槃經云佛告諸
大衆言一切衆生為阿耨多羅三藐三菩提近因緣者莫先善友何以故闍王若不隨
耆婆語者來月七日必定命終隨阿鼻是故近因莫若善友也二者趣向如來智者
一切為華嚴經云善知識者則是趣向一切智門令我得入真實道故善知識
者則是趣向一切智乎令我得至如來地故善知識者則是趣向一切智船令我得

道故。善知識者，則是趣向一切智橋，令我得度險惡道故。善知識者，則是趣向一切
智樹，令我得生大慈涼故。善知識者，則是趣向一切智眼，令我得見法性門故。善知識者，
則是趣向一切智潮，令我滿足大悲水故。二者，能令越生死海故。《大集經》偈云：若得親
近善知識，至心聽受無上法，觀察內外三昧，不能越度生死海，因於善知識起於行心
向求於彼。《華嚴經》云：於善知識生十種心：謂於善知識生同己心，令我精勤得一切智
照道法故。二，於善知識生清淨自業果心，親近供養生善根故。三，於善知識生莊嚴菩
行心，令我精勤得一切智照道法故。四，於善知識生成就一切佛法心，誨於我令脩道故。
五，於善知識生能生心，於我無上法故。六，於善知識生出離心，令我脩行普賢
菩薩於內願而出離故。七，於善知識生具一切福智海心，令我積集諸白法故。八，於善
知識生增長心，令我增長一切智故。九，於善知識生具一切善根心，令我志願得圓
滿故。十，於善知識生能辦大利益心，令我自在安住一切菩薩法故，生一切智道故，得
一切佛法故。　次明脩行者，夫欲別乎行源者，百凡納而莫遺，從無殊於唯一
者，眾魔轉而無難，欲求無上正等菩提，一切諸行莫不備習。於中分二：初總，後別。總
者，其資糧等五位之中皆具自利利他二行及福智二十波羅蜜故。唯識云：十波羅
蜜五法皆具，然脩習位其相最顯。即此十者為性者，此名為智，非要體無名
為福智波羅蜜通於皆，以二利福智為體。二別，於脩中前五說為福德，第六智者

為福六波羅蜜通初皆以二利福智為體二別初福中前五度為福後一六智也
又此六度為滿利他而脩六中之六皆利他今為自脩六此自利既去十度通五位脩
又即六度通利福智二利所攝故成十度二利福智通五位也問菩提分法及四攝等此
是所脩之法二利等中是何攝耶答攝等初說菩提分法自利行收四攝事等利他
行攝依章三行之時通二利問菩提分法體義云何答分之為三初菩提分次明四攝法
辨六度菩提分法略為二門一者辨名二略問答初中文二先總後別卅七菩提分法名
菩提覺者此譯名覺即知義菩薩盡智無生智照境窮源故稱為覺分者因也此卅
七能為覺因故名為分　次別名七類不同分為七別一四念住二四正斷三四神足
四五根五力六七覺支七八聖道一四念住者謂身受心法身為四法是所觀境慧是
能觀慧與念俱故說念名稱為念也住者即境是能觀慧所住之境物稱為
住別云身者五根四大積聚名身領納於境目之為受集趣名心軌持稱法
二四正斷者體一精進之義用不同分之為四已生惡法斷之令滅未生惡法令永不
生已生善法脩令增長未生善法脩令得生於四切能斷自所除懈怠之部故名四
正斷三四神足者神謂神通妙用難測名故神也足者乃用足之義故曰體即勝定
由依勝定能發通故名神足之雖一定有因為四故名四也其四者何謂欲勤心觀於
境樂觀名欲正念進善曰勤定之能持心稱心於境詮揀名觀此四非足之因也

爲精進於境境持故稱爲念等注所緣名之爲定簡擇得失故得名
五力者不可屈伏故名爲力即前五根增不可屈轉立力名故瑜伽云雖不能屈
菩薩此清淨信等天人魔乃至諸煩惱纏之不能屈故名難伏體即五根更
無別也六七覺支者覺是智也支者分義分義不同而有七種名七覺支無
七數者一念二擇法三精進四喜五輕安六定七捨於境明記名之爲念觀察得
失故名擇法熾然修善號精進於意適悅故得喜名調暢身心名爲輕安
專住所緣故名爲定遠離沈掉平等寂靜目之爲捨簡擇法是惠正覺支餘
非惠故何得稱覺答念支是覺法所依近故擇法自體而是覺故精進是覺
出離支法故喜是覺法利益支故輕安之捨此三是覺無染支故是以自體而餘
非惠總名覺支問何故此三名無染支答之麤重爲因能生諸漏輕安近能淨
之麤重名染因由依定故方能離染定即名爲離染所依捨除諸法即是無
染之自性也故此三種得染名七八聖道者契理通神目之爲聖運載遊履
稱之道其八者何謂正見正思惟正語正業正命正精進正念正定正見籌量義理名正思
惟語離四非稱名正語身遠三過名爲正業三遍身語離五邪命名爲命稱善
斷惡勤勝進稱目爲精進明記所緣稱爲正念攝心不亂號爲正定之惟察諦故名正
見二略問答者問小乘之人修菩提分數有幾何得知大乘之菩薩覺答依瑜伽論云問卅七品
是聲聞辟支佛道六波羅蜜是菩薩道說聲聞云答菩薩摩訶薩覺一切道品既云一切又云

是聲聞菩薩及佛道六波羅蜜等是菩薩道謂聲聞法名菩薩摩訶薩覺一切道品既云一切故知
亦通菩薩所學聞菩提分同法異說住者何故瑜伽攝論皆云四地方菩提分耶答彼據三
地得定戒等於同世間四地於同二乘出世道品无漏而是出世故言四地方得超世
問三乘同修行於何答中邊論云二乘之人以自利續身等為境以修對治菩道
以自他利續身等為境而修對治聲聞獨覺於身等境以无常苦行於思
惟而修對治以為諸菩薩於身等境而以无得行於思惟修於對治聲聞獨覺修三
住等但為身等速得離繫若諸菩薩修三住等不為身等離不離繫但為證
得无住涅槃由此三緣与二乘別　次明四攝略為二門初釋名字後辨行相
又二先總後別總釋攝受以四事攝諸有情故名四攝或攝是益也以施等法益
有情故名攝瑜伽云一切菩薩攝事能成就自他一切有情能成就是合也釋別名者
一者布施運心普及稱之為布輟己惠人故名為施二者愛語善聲屈曲表彰
名語聞者悅樂故目為愛三者利行者一行修之則而是因名利是以得益而是
果稱故瑜伽云由法施令於現法中得身輕安於後法中般涅槃時得輕安般
涅槃皆並名利利於有益故四者同事共也事者事業謂与有情等修行業
故名同事　二明行相者菩薩欲攝化有情必過此四若欲化彼先行於施謂隨所須於彼以
須外財金銀等物及以內財手足等類隨求皆由隨意与故令有情親附菩薩名

尉心語見諸有情者昌盛事而慶悅之三勝益語者為諸有情宣說一切圓滿殊勝
微妙法教說化出世二善法令化眾生心起愛慕歸依菩薩歸依已次教修行瑜伽論云
調伏菩薩由彼愛語為諸有情如理現正理隨其所應於說正法進學隨義利故名愛語說
隨彼諸有根性差別而教行彼三乘等行得自乘果又若菩薩如是行中必往悲
心無愛染心勸道調伏趣利行已次與所化同其事業謂但化彼行何假身同
吾自無不行人焉肯學為令他循故要自作故瑜伽云實說菩薩於是義於是善根
勸他受學即於此義於此善根自現受學如是菩薩與他同事故名同事由此四事
攝諸有情不壞不棄　後明六度之義乃有多種今者略示以三義別一辯列二
釋名三歎相四分別五淨相六不壞攝七相攝八勝德果利一辯列者施有三種一捨財
物等名為財施二以三藏等教施於有情名為法施三令他離怖名無畏施戒三
種一者謂離不善防護受持名律儀戒即比丘等七眾以進學戒等是也二一切作善
體名攝善法戒三者謂以此戒善護眾物名饒益有情戒忍有三種一者他怨對受
名耐怨害忍二者為貧寒熱種種苦逼身心而修道而不退屈名安受苦忍三者於
甚深法離諦思惟審觀我理名諦察法忍精進三一者為修法門發起勇悍
於中不退如入陣者被鎧甲故即若怯退故名被甲精進二者為修法善品而勤
進趣名為攝善精進三者為勤利樂令識故名利樂精進六之今九三者三

進趣名為精善精進三者於一切利樂含識故名利樂精進言之分為三三者
而於安住現法樂故名為靜慮二者以此引發六神通故名引發靜慮三
者能成辦利有情事故名辦事靜慮慮分為三一謂生空無分別慧法空無
分別慧俱空無分別慧如次是別緣法系及俱緣彼根本之七當異門得言
無分別　言得名者先總後別言總名者解深密經及瑜伽云何緣此名
言得名者先總後別言總名者解深密經及瑜伽云何緣此名波羅蜜多由
五緣故一无染著謂不染著波羅蜜多相違事故二无顧戀謂於一切波羅蜜多諸
果異熟及報恩中心無繫縛故三無罪過謂於如是波羅蜜多無間雜染法離非方
便行故四無分別謂於如是波羅蜜多不如言詞執著自相故五正迴向謂於是所作
所集波羅蜜多迴求無上菩提果故又對法論云施等以到彼岸波羅蜜多是之所
知彼岸我審多是到我釋別名者如攝論云能裂慳悋貧窮及能引得廣大
財位福德故名為施息滅惡戒惡趣及能引得善趣等持故名持戒能盡忿
怒怨讎及能善住自安隱故名為忍能遠離所有懈怠惡不善法及能出生無量善
法故名為精進能消除所發動及能引得內心安住故名靜慮能除遣一切
見趣諸邪惡慧及能真實品別知法故名為慧　三辯相者問但行施等亦名為
波羅蜜多為不亦邪答不得不得故唯識云為七最勝之所攝受方可建立波羅
[illegible]

向最勝謂要迴向无上菩提七清淨最勝謂要不為二鄣間雜若非此七所攝受者則施
等不得名為到彼岸也　四加行者問將修六度以何加行方能進習答二利為心於修六
度大般若第一百二十云菩薩摩訶薩行六波羅蜜多時當作是念若我不行布施波羅蜜
當生貧窮家尚无勢力何由成就有情嚴淨佛土況當能得一切智智若我不護淨戒
波羅蜜多當生惡趣尚不能得下賤人身乃至況當能得一切智智若不修安忍波羅
蜜多當生諸根殘缺容色醜陋不具菩薩圓滿色身若无菩薩圓滿色身則菩薩道有情見
者必不發无上正等菩提若不得此圓滿色身乃至況當能得一切智智若懈怠不
起精進波羅蜜多尚不能發菩薩道乃至況當能得一切智智若心亂不入
靜慮波羅蜜多當由不能起菩薩定乃至況當能得一切智智若无智不學般若
波羅蜜多尚不能得諸法方便起二乘地乃至況當能得一切智智又三百五十云
於此六種波羅蜜多勤修學時恒作是念世間有情心皆顛倒沒生死苦我當
為彼說有情教勤修學布施淨戒精進安忍靜慮般若波羅蜜多善巧方
便法令其觀以能熾然此六度也　五淨相者二種一同相二別相一解深蜜經及
瑜伽論云總說一切波羅蜜多清淨相者當知七種何等為七一菩薩於此諸法不求他知二於
此諸法見已不生執著三於如是諸法不生疑惑謂為能得大菩提不四終不自讚
毀他有所輕蔑五終不憍傲放逸六終不少有所得便生喜足七終不由此諸法於他發

毀他。五、六輕蔑。五、終不憍慢放逸。六、終不求之。八、得便生善巧。七、終不由此諸法於彼菩薩
起嫉妒慳恪。三、安時離此七種方得名為三安住清淨。次別於尸云大乘經云：菩
就諸法於淨檀波羅蜜。謂離分別，離分別施，離安住施，離無所見施，離彼亦菩
提於施離種，於見施離悕望，離非施、慳嫉。其心平等如虛空。菩薩施離此八法，是謂
清淨。二、成就八法於淨尸波羅蜜。謂不忘菩提心。於菩薩於戒不求聲聞辟支佛地。於菩薩
於戒境界無礙。於菩薩於戒不悕諸有。於菩薩戒不捨本願。於菩薩於戒不依一切生處。於
菩薩於戒成就大願，故於菩薩於戒善攝諸根，為滅煩惱故。於菩薩於戒，是謂八法云
護戒，云滅淨於三。成就八法於淨羼提波羅蜜。謂內淨忍、導遠離忍、謂外淨
不悕望忍、於上中下究竟無礙忍、順法性無染著忍、去離諸見忍、思以
斷一切諸覺忍、捨一切法願忍、一切諸行忍。是謂八法。四、成就八法於淨毘梨
耶波羅蜜。謂淨身故發勤精進，於身意不著。於身為淨口故發勤精進，於口聲
如響不著。於口為淨意故發勤精進，於意如幻，無二分別不著。於意為具足諸
波羅蜜故發勤精進，知諸法無自性因緣，不捨不可盡論，為得照菩提無上法故發勤
精進覺了一切法無性故，無著心無礙著，為淨一切佛土故發勤精進，於諸佛國土
如虛空故不持心，淨為得一切陀羅尼故勤發精進，於一切法無去來亦非去故不起二
於為成就一切佛故發勤精進，於入一於平等故，為不壞法性是為八法。五、成就八法

八法能淨般若波羅蜜多菩薩精勤斷一切不善法而不起著斷見精勤發生一切善
法而不著常見知一切法為法皆從緣生而不動於無生忍法善分別說一切字句而
常平等無於言說善能辨了一切法為無常苦法而於無我法界寂靜不動善法能
分別說作業而亦一切法無業無報善能分別垢法淨法而於一切法性常淨善能筭計量
三世諸法而知諸法無去來今是謂八法能淨般若波羅蜜多於我依於別淨於六波六
度未度處而能到彼岸也　六不增不減如深密經瑜伽等云世尊何因緣故施設如是六
種學事但有六數善男子二因緣故一者饒益諸有情故當知前三種唯由布施故
攝受資具饒益有情由持戒故不行損害逼惱饒益有情由忍辱故彼損害等堪能忍受
忍饒益有情二者對治諸煩惱故當知後三種唯由精進故雖未永伏一切煩惱等而能
勇猛修諸善品彼諸煩惱不能傾動善品加行由靜慮故永伏煩惱由般若故永害隨眠
由斯六種不增不減也七相攝大般若經第三云以無所得修行布施了達一切施者受者及所施
物皆不可得如是布施能滿布施及餘五度以無所得修行淨戒了達一切犯無犯性不可得
如是淨戒能滿淨戒及餘五度以無所得修行安忍了達一切動不動相皆不可得如是
安忍能滿安忍及餘五度以無所得修行精進了達一切身心勤息皆不可得如是精進能
滿精進及餘五度以無所得而修靜慮了達一切味不味皆不可得如是靜慮能滿靜慮
及餘五度以無所得修行般若了達一切法性相皆不可得如是般若能滿般若及餘五

及餘五度以无所得修行般若了達一切法性於中皆不可得如是般若能滿般若及餘五
度又攝論云謂於一切波羅蜜多修加行中皆有一切波羅蜜多互相助成謂修施時
持禁防惡忍受等勵專心積集了知業果相屬如是施中即有於餘者修戒時遠離慳悋
於心善攝忍辱勤勇發動邪見如是戒中即有於餘轉修習六餘度如是說於四度當時施時无
貪无犯戒无嫉无恚起慈悲心談世求善方便施与无倦无亂无異見八勝德果利一言
勝德者如六波羅蜜經瑜伽論云波羅蜜多各有四種最勝廣從一正行時能捨慳悋毀犯憤恚懈
怠散亂見趣所治之法二正行時能為无上菩提資粮三正行時能於現法中能自攝受饒益於
情四正行時能於未來世能得廣大无盡可愛諸果異熟言果利者由行此六度而為勝因能
感當來種種妙果遠則菩提近人天等故華嚴經第五卷云昔於生起大悲修行布施波羅
蜜以是其身最殊妙能令見者生歡喜昔在无邊大劫海修行淨戒波羅蜜故獲其
身遍十方普滅世間諸重苦往昔修行清淨信解了一切无分別是故色於皆圓滿昔
放光明照十方往昔勤修多劫海能轉眾生深重障故能分身遍十方悉現菩提樹王
下佛昔修行无量劫禪定大海普清淨故令見者深歡喜煩惱鄣垢悉除滅如來往昔
修諸行具足般若波羅蜜是故舒光普照明能滅一切愚癡暗此則由行六度之因具
佛果德又深密經瑜伽論云世尊如是一切波羅蜜多何果異熟善男子當知此略有六
種一者得大財富二者往生善趣三者无怨无壞多諸喜樂四者為眾生主五者

无量苦怨敵業且心常二大呪別於修去且資糧位卌七種菩提分中修四念住并四正斷
及四神足何以為證中邊論云由四神足亦不堪忍順解脫分善根苗已復應修習五境上
既去由四解脫分滿所引神足之在資糧位四念四斷在神足之前是故正在資糧位也問此之三
四何在先修答先无住四正斷後四神足問何故爾耶答先始將來於身苦境作諸染淨
差別之相起於愛憎說沒苦海是以創觀身受心法觀此四種以為无我故中邊云為諸
苦於身苦境以无所得行相思惟而修對治能觀身苦四境无我等故除障治修四斷之餘
障故中邊云令為遠離治鄣法故為修集於對治道於四正斷精勤修習能於伏
鄣未能隨意所欲皆成利樂事等是故次修四種神足故中邊云修四神足是諸
欲勝事因故問神通要言之方能發起此位得通耶已云言之何故餘論言資糧位而無
乃得是非言之極故答餘論但言多住外乃示言唯外也亦言之數多言之少故言多住外乃轉
也又此地中而不別修十種法行故瑜伽云謂諸菩薩先於勝解行地依十法行極善修習已
此資糧加行二位名勝解地未能證解但信解故名為勝解十法行者顯揚論云一者
書寫於諸藏經若多若少尊重恭敬謂自書寫若使他書二供養若多若少若勝謂
供養具謂自供養若將己物令他供養三者施他若自書已由矜愍他而施於彼四
者諦聽若他開讀由宗仰故五者自披淨信解恭敬重心六者諷誦之七者受持
既諷誦已為欲堅持故以處好形而溫習之八者開演其為他傳受而敍隨其義略為

既誦讀已為堅持故以義妙形而温習之以是開演是無從得傳文與啟陸其義略窮為
開演九者思惟獨處閑靜極善研尋十者修習如所思惟修奢摩他毗鉢舍那等
問其十法行得須修答能為聞思修等三慧作助伴故中邊頌云此助伴應知是種
法行又云由修此十而得無邊福說功德故問何緣斯十行得無量福答於大乘教
非餘二乘以顯揚云於菩薩藏修十法行中邊頌云於此大乘十法行問何故尔耶答中邊
釋云一由最勝故二由無盡於大乘修福利無邊非二乘也問法之一軌通絕嗜踏教轍令
岐履焉不哉且夫阿含五教猶尔法華般若幽玄無非無幻花嚴經一切心起法性亦
已涅槃四從無為亦體昭立為元終紀人法支離使守弱喪歸方向路無存乎法義
外道之籍是依觸類皆空目覩之曲從習豈可適空花為瓔珞焰木為花池者
哉法類於斯從何可效一切靡作十行從旋辯籍斯存物疑那遣答法體無異為
感及善二天雖不同理實何別良以法元始觀我不動析彼迷說亦非是
二乘由是計我為元三觀離心而爰法復除其病趣說為空如乎說空
心外法於法不悟執一切空空病既增理當除遣故華嚴說三界唯心涅槃
乃陳無我淨言心內於空病自除說境外無於法疾便遣既殊外道識
堪可依文不了全空十行須習　問既說皆空明趣非有內心於何身
皆空故離名說見五蘊皆空答義竟無一切為空五理言遍計非

世言勝義生菩薩白佛言世尊……
無量門曾說諸蘊一一自相生相滅相永斷遍知未生令生已生堅住
不忘倍修增長廣大世尊復說一切諸法皆無自性無生無滅本來寂
靜自性涅槃未審世尊依何密意作如是說世尊答言勝義生當知
我依三種無自性性密意說言一切諸法無自性謂相無自性性生無自
性性勝義無自性總依諸法遍計執相由假名安立為相非由自相安
立為相是故說名相無自性言遍計無其體相名相無性今言相
亦依名假立非是遍計有體相故安立為相非自性為相無性故重言性餘准
此一切依他起相由依他緣力故有非自然有是故說名生無自性性云依他不
自然之法亦生名生無性三論說法因生無故名勝義無自性性法無勝性
名為勝義無自性之所顯故由此因緣名為勝義無自性密意者如是無有
性體即勝義亦非無性並因緣法三空之所顯從彼能顯二空為名是名無性
文云亦依如是三種無自性性密意說言一切諸法皆無自性又云亦依無自性
性密意說言一切諸法無生無滅等何以故若法自相都無所有則無有生若無有
生則無有滅以無生滅乃至本來寂靜自性涅槃於中都無少分所有更可令其般涅槃故此中
既言依三無性說諸無明故不說第一依他而體非是三無性故又一切法皆名得
是無如來說彼為無正等覺其理如今何以釋密意言非無密意

[illegible]
是无如來往昔說彼為无正當其理作今何故稱密意耶現言密意
不盡理故法已說彼依他等上无遍計故言无一切非依他等實物无矣非爾何
令般若經等隨一一作言是處復於彼後生由漸淨堪聞正言故深密等所誅
說法非空非有名了教問何以知然答深密經言勝義生菩薩白佛言
世尊初於一時在婆羅痆斯仙人墮處施鹿林中唯為發趣聲聞乘者
以四諦相轉正法輪雖是甚奇甚為希有一切世間諸天人等先无有能如法
轉者而於彼時所轉法輪有上有容是未了義是諸諍論安足處所世尊
在昔第二時中唯為發趣修大乘者依一切法皆无自性无生无滅以隱密相轉
正法輪雖更甚奇甚為希有而於彼時所轉法輪乃至諍論安足處所
世尊於今第三時中普為發趣一切乘者依一切法皆无自性无生无滅本
來寂靜自性涅槃无自性性以顯了相轉正法輪第一甚奇甚為希有于今
世尊所轉法輪无上无容是真了義非諸諍論安足處所今略釋云婆羅
痆斯此乃梵音是河之稱仙人墮處者又云昔有一王將諸婇女在園遊戲其
五百仙人空飛而過見已貪著而失神通從空墮下為名言仙人墮處施鹿
之事如常應悉初為二乘偏說四諦法非究極名有上有容當知二乘者於
空見但說依他圓成為有不說遍計所執是无名為未了而四諦教詮部不
[illegible]

辯三性遍計名无依他因緣攝之爲有名言了義文无法道名无上答言三性者實
菩薩二乘之人談遍計空我當爲初發大乘者具辯三性亦當爲彼久學菩薩由此故云
普爲菩薩一切乘者大師既自斷非空有名不可成故不可執唯有非空以爲中道之
斷三性通論諸經說有談无何異通理者非言有所從來要依他方起說空
顯依遍計所執者空雙舉對三性言空者俱亡投絕言我是達以不悟一而不藉
達者通達十法齊修各同於諸說復本因頓悟此位中仗尚依然云何而能進修
勝行於无上果勤求不退答攝論中六唯識中凡云此位鄣礙未除修勝行時
於三退屈而能三事練磨其心於所證修勇猛不退一聞无上正菩提廣大深遠心
便退屈引他况證已大菩提者練磨自心勇猛不退二聞施等波羅蜜多甚
難可修心便退屈省已意樂能修施等練磨自心勇猛不退三聞諸佛圓滿轉依
極難可證心便退屈引他麁善況已妙因練磨自心勇猛不退由斯三事練磨
其心堅固熾然修諸勝行初一意云彼是丈夫而我等亦能行難行於施等亦丈夫
何行不我修行等佛第二意云以世間人微少善猶感人天大果我所修行殊勝无邊
何故不能感菩提果又攝論頌云无量十方諸有情於人已證善逝果彼既丈夫亦爾之
亦不應自輕而退屈由此練磨故不退也　其加行位修五根力故中邊云決擇分中
煖頂二位在五根位忍世第一在五力位決擇分是加行位也問先修何善答先根後力

煖頂二位在五根位，忍世第一在五力位，此是加行位也。問：先修何也？答：先根後力。
故中邊云：順解脫分善根滿已，復應修習五種，謂上五種境上之五根五也。
次修五力，忍前五根，於伏於鄣，不為鄣伏，功能轉勝，改立力，故中邊云：忍前所說信
等五根有勝勢用，復說為力，謂能伏滅不信鄣等，亦不為彼所陵雜，故又大集經
云：五根力非別有體，故約用分為二也。問：此五何乃名是次第？答：此依因果相行
而說，若先之信有因果，方得果，故若有此精進，旣精進已便住正念，已心則得定，心已於
如實知，既如實知，無事不辦，故由此義，名是次第。煖頂二位修其五根，忍世第一修
其五力，行證如前文。此煖等四位之中修唯識觀。煖頂二位觀所得境空，識皆無，忍世
第一印所取境，觀能取心亦非實。謂自無始處伏昏惡見，擾纏起網，又密匿悟
一切皆唯己心妄執六塵，識外他造，因爭溺浪浮沉，莫得往返，遊門上下焉，良由
是菩薩依因善友作意資糧自益，人人修唯識觀，先依煖頂觀無所
取，取者何謂名名義自性差別此之四種尋求所答，故大乘論云：此中名者謂色
受等，義者即名身等所詮表得蘊界等，自性者即是名義二種自體，差別者是名
義等上謂無常等差別義之異。思此四種唯假非實，似外境轉，實唯在內，證知四種虛妄
顯現依他起性，了達四種遍計執義皆不可得。此中意說：名義等四種一切境依於識現
緣而生，非有似有，依性不了，此四依識緣生，妄執識外有實自體，其心外法而實無也。名

之六七識所生者有依遍不離識依生所攝大九識无其依攝所經云

由自心執著心似外境轉故亦說一切唯九識无餘又厚嚴經若萬心分別境無皆无習

氣擾濁心故似被而持又大乘經云九為法一切皆以識為種子又華嚴經世間一以見法

從心親執識為主隨解取衆相顛倒不變七唯生故七識外法法皆无若不離識

可得似於問不離識法體既非无何故稱似答諸法離言詮不達愚夫妄執假名相

當情不了內心執為外於今顯內法似彼妄情是故稱似非云似者為轉於法以法本體

而離言故對彼妄情故稱似也問雖攝聖言所境留心事詳系柳於乘及至如天蓋

一塵復坤與六載川岳萬類并木千殊事驗目存何斷非於答海攝字衛(?)塵六氣盡

構色境緣雜心於幻起樓非起厚達者執厚果樓境不離心或若行境非識者信

境非無隨心可見不同執境是實云何乃同觀觀果是以人聽淨水魚睹華堂天觀

瑠璃見噉(?)漿火其乎一世見於四者諒可由心不滅論別又不灑(?)嘗峯石中非遊

步六之轍大千廣神出入排於埕路斯謂見境自礙山擁莫通聖取皆融毋(?)石空何

隔山雖是一通塞兩殊改轉既自乎心離離識時非無於以斷言矣存沒昭然

何況臨歧承壞猶豫至理言矣万法由心無於一物而非心也故華嚴經云心如工

畫師能畫諸世間五蘊悉從生无法而不造文云汝人如心佛菩薩諸世間其(?)對(?)公(?)

了似云六無性此名苦(?)居燸頂位觀无所取也燸頂名義如前已辯問何等七作斯

觀耶答以四尋思如實之智而作此觀七觀是一對境六四(?)之境己前名義自性等位

乃佛云實性此已菩薩居煗頂位觀無所取也，煗頂名義如前已釋。問：何等世作斯
觀耶？答：以四尋思加行之智而作此觀。其體是一，對境分四。四之境已前名義自性差
別是也。以其推尋此之四種假有實無，故於觀此名四尋思。故攝論云：於加行時推
求唯見假有實無，說名尋思。以所尋思即觀四種加行之智依於，即所取無觀
能取識亦復不無。世第一法雙印能取所取皆無。問：何故爾耶？答：前四尋思觀所取無
未重印可，今至印彼亦空是無，故名為忍。又能取心對境而立，境既非實，心焉實哉？亦
猶因風浪起，風息浪沉；藉境心生，境無心滅。此忍心雖無，即能取空而未雙印能取空即相識
故第一而能雙印識境皆空。問：外境空談無，未來正理內識因起，不亦乃乘中宗［世］
華嚴三界唯心，大乘識為法種，唯斯聖旨，不我被茲。何得今言同境非有？答：
依他幻識似有非無，執有實心遍計非有。今觀無彼遍計執心，不說依他識體非有。
故唯識云：若執唯識是實有者，亦是遍計，所由斯教並不相違。問：依他識有，所名唯
識內境不無，應名唯境。答：依他識有復能變境，雖內有所變識，故言唯識名
唯境。又境之體通於內外，外無內有，識唯是內，若境言唯恐濫外境，是之實有，
由境有濫境，不言唯識，無斯過，故言唯識。問：何等能觀遍計識為無等耶？
答：四如實智此前四尋思果，故攝論云：乃至假有實無所得決定，是門等方便果
於名等義三等也假有實無所得，四尋思也，故等實智是四尋思果。問：能觀遍計
[illegible]

所識皆无聖眼，聖眼莫起，不達真理，真理未證，請云云。菩惟有漏五蘊
未本自然豈登極果？了達內心不執外境，外境不執便自然會菩提，自然矣。故生聖眼，
既生非達真理，真理既證便除惑業，惑因已五趣便自然已，便登仏果了斷雜利。
故修此觀深密瑜伽而作頌云：若有了知无相法，雜染相法不能斷，不斷雜染
相法故十地微妙淨相法亦觀諸門累過失，教迴過失苦樂生懈怠任法動
法中无分別，猶可悔恨，無間此加行位非觀遍計心境性空所取時正證真理
菩提位雖觀遍計心境而猶未能除空分別，由分別此相不能證理，要二由己分
達真理，以唯識故云：以彼空分二相未除帶相觀心有所得故，非實安住真唯識
理，彼相滅已方實安住真唯識理。又此位中煖頂二非安立，忍世第一兼安立諦，此四等
名為安立二空觀等名非安立。此即略明加行位中別修行相。其通達位別
相從前修世第一法无間道，論云：由此無間通達位在見道。故見道中修卅七
覺分，名為已出前說文，有見道中真見道、相見道。相見道中或說三心，三心剎那，二
云无間及以解脫二道。无間解脫勝進，以唯識云：真證滅相心，以无間斷惑解
脫證滅相見分三心。相見雜集唯識瑜伽等云：初內遣有情假法緣心生能
除耎品見道所斷煩惱麁重。二內遣諸法假法緣心生能除中品見道所斷煩
惱麁重。三遍遣一切有情諸法假法緣心生能除一切見道所斷煩惱麁重。初
云无計有情，以之為我。今緣有情，但有內心，似有情現，實无其體，名之為假。能

BD00650　大乘入道次第

云無計其情心ゝ之為無今緣其情但有内心似無情境處無其體名之為似故
除妄離似無情故是故名為道無情似生處所顯真如之理名之為法緣此
智生名緣心起第二觀法餘同於前第三雙觀人法二空餘亦同上次十六心
於見道者對法等云謂苦諦有四種一苦法智忍謂觀三界苦諦真如二苦法
智謂忍無間觀前真如證前所斷煩惱解脫三苦類忍謂智無間無漏慧生
於法忍智各別内證言後聖法皆是此類四苦類智謂此無間無漏智生審
定印可苦類智忍等云苦者苦諦法忍謂是苦諦所起增上教法智忍謂於方
便道中緣苦法智忍名謂苦謂於苦諦之中所起現證無漏之惠二苦法智謂
忍無間者次前忍後而起緣如名無間忍餘可知集苦諦既爾餘之三諦
各有四准苦諦說文此十六心觀真如觀正智法忍法類而緣於如類忍類
智而緣於智　次緣習位於修道者菩提分中修ゝ聖道中邊論云於修道
中而達立位文云一分別文謂即正見此能是世間後得由於分別見道
位中自所證故此竟說云正見體是後得智故名世間既云世間後說分別見
道所證故智修道八聖道文修習位十地不同通而言之地皆修十勝行
審若依別說十地如次各修一度　其究竟位者從於論更無修習說
修何過答若許更修亦名有學忘亦得言從此寸進趣亦是究竟異故

習我佛果既不許於孔重設如何使究竟修習上求菩提者總別不同合爲第
二大段。段中明修行法　次明斷障。障分爲二：初明二障，後辯斷位。初中復
四：初標二障總名，二隨列別釋，三約識分別，四顯俱生分別。言煩惱障者，
煩者擾也，亂者惱也，擾亂也，不令出離生死苦海，故名煩惱障者，
覆也，蔽也，寧煩惱障蔽涅槃，不得解脫，名煩惱障。二所知障者，
於漏無漏有爲無爲一切諸法是所知境，由障所被，所知之境，癡昏於情，
以令於境而不解了，名所知障。障二障於二果，約別而言，初障涅
槃，後障菩提。　二隨列釋者，先明煩惱障列，所知之中，初明根本煩惱
隨惑。言根本者，總有六種，謂貪瞋癡慢疑惡見。謂此六種是隨煩惱
之根本，故得本名。言貪者，謂執著爲性；嗔者，損害爲性；癡者，於
諸理事迷闇爲性；慢者，恃己於他高舉爲性；疑者，於諸諦理猶豫爲
性；惡見者，於諸諦理顛倒推度染慧爲性，是惡見復覆。
一標數總名，此惡見中差別有五：一薩迦耶見，於五取蘊執我我所。薩
迦耶者，梵言，唐言移轉身見，此見執彼五取蘊性爲我我所，以立名
爲我我所見。二邊執見，謂即於彼隨執斷常，此覆障處中行，亦見以起

為我々見二邊執見謂此於彼他執斷常此之諸法亦見依起

圖書在版編目（CIP）數據

中國國家圖書館藏敦煌文獻．第四四册 / 中國國家圖書館編．—北京：國家圖書館出版社，2024.12

ISBN 978-7-5013-7967-5

Ⅰ．①中… Ⅱ．①中… Ⅲ．①敦煌學—文獻 Ⅳ．① K870.6

中國國家版本館 CIP 數據核字（2024）第 036578 號

書　　名	中國國家圖書館藏敦煌文獻・第四四册
著　　者	中國國家圖書館　編
項目統籌	魏　崇　殷夢霞
責任編輯	程魯潔　潘　竹　黄　鑫　苗文葉
責任校對	王　哲
出版發行	國家圖書館出版社（北京市西城區文津街 7 號　100034） （原書目文獻出版社　北京圖書館出版社） 010-66114536　63802249　nlcpress@nlc.cn（郵購）
網　　址	http://www. nlcpress. com
排版印裝	天津裕同印刷有限公司
版次印次	2024 年 12 月第 1 版　2024 年 12 月第 1 次印刷
開　　本	787 × 1092　1/8
印　　張	38.5
書　　號	ISBN 978-7-5013-7967-5
定　　價	2800.00 圓